Gerd B. Achenbach

Das kleine Buch der inneren Ruhe

HERDER spektrum

Band 4972

Das Buch

Die moderne Welt, in der wir leben, ist ruhelos. Sie rast und lärmt. Doch wenn wir zur inneren Ruhe gelangen, kann uns die Hektik des Alltags nichts anhaben. Selbst bei widrigen Lebensumständen und Schicksalsschlägen lassen wir uns dann nicht aus der Ruhe bringen und finden Trost und inneren Frieden. Wie aber kommt man zur inneren Ruhe? Und wie behält man angesichts der kleinen und großen Sorgen und Beunruhigungen des Lebens sein inneres Gleichgewicht?

Auf diese Fragen gibt es wohl keine allgemeingültigen Antworten, doch haben sich Menschen seit jeher darüber Gedanken gemacht. Dabei sind sie zu den unterschiedlichsten Einsichten und Ratschlägen gekommen, die uns Wege zu einer heiteren, besonnen-ruhigen Gelassenheit weisen. Gerd B. Achenbach setzt mit der stoischen „Meeresstille des Gemüts" ein und macht uns mit einer reichen Tradition philosophischer Lebensweisheit bekannt, mit Texten von Seneca und Marc Aurel, Plutarch, Montaigne und Pascal, Schopenhauer und Nietzsche und vielen anderen.

Diese Auswahl inspirierender, teils tiefgründiger, teils humorvoll-leichter Texte zeigt, daß es möglich ist, innezuhalten, sich der Oberflächlichkeit der Konsum- und Medienwelt zu widersetzen und sich der Schwere *und* Leichtigkeit des Lebens bewußt zu werden. Wir können Orte der Stille und Einkehr entdecken und das richtige Verhältnis von Ruhe und Bewegung finden. Dabei ist mit innerer Ruhe keineswegs Gleichgültigkeit oder Rückzug in die Innerlichkeit gemeint, sondern eine Haltung, in der wir achtsam, mitfühlend und behutsam mit uns selbst und anderen Menschen umgehen. Denn wirkliche Ruhe erfahren nur aktive Menschen, und wer mitten im Getriebe des Leben seine Ruhe bewahrt, kann zum ruhenden Pol für alle die Menschen werden, die Ruhe suchen.

Der Autor

Gerd B. Achenbach gründete 1981 die weltweit erste Philosophische Praxis und ist Vorstandsvorsitzender und Lehrpraktiker der Internationalen Gesellschaft für Philosophische Praxis mit Sitz in Bergisch Gladbach sowie Leiter der Lehrplankommission der Europäischen Bildungsuniversität zu Meran.

Gerd B. Achenbach

Das kleine Buch der inneren Ruhe

Herder
Freiburg · Basel · Wien

Für Sylvia

Gedruckt auf umweltfreundlichem,
chlorfrei gebleichtem Papier

Originalausgabe

Alle Rechte vorbehalten – Printed in Germany
© Verlag Herder Freiburg im Breisgau 2000
Satz: DTP-Studio Helmut Quilitz, Denzlingen
Druck und Bindung: Freiburger Graphische Betriebe 2000
Umschlaggestaltung und Konzeption:
R·M·E München/Roland Eschlbeck, Liana Tuchel
Umschlagmotiv: PREMIUM STOCK PHOTOGRAPHY
Autorenfoto: © Uwe Völkner/FOX
ISBN 3-451-04972-4

Inhalt

Zuvor 7

Unruhe

Von der Ruhelosigkeit 11
    Der Brief des Serenus 13
    Die Antwort Senecas 16
    Friedrich Nietzsche: Muße und Müßiggang 23
Menschenbilder 25
    Blaise Pascal: Fragmente aus den „Pensées" 40
    Nietzsche: Klagelied 45
Herrschaft der Zeit 47
    Schneller laufen 56
Langsamkeit und Stille 57
    Momo 59
    Die erste Zeitverkennung: Zeit als Vorrat 61
    Zweifache Reise 62
    Die zweite Zeitverkennung: „Zeitumkehr" 66
Stille 72
Zwischenruf: „Sorget nicht!" 79

Innere Ruhe

    Friedrich Nietzsche: Im Spiegel der Natur 83
Innere Ruhe 84
    Einverständnis, Ja-Sagen, Anerkennen, Zustimmung . . 87
    Plutarch: Von der Heiterkeit der Seele 90

Grundsätze der Stoa 113
   Grundsätze der Stoa – im Anschluß an Plutarch? 113
   Nicht die Philosophie ist wichtig, sondern philosophisch zu leben. 116
   Beantwortung der Frage, worauf es ankommt: Für dich auf dich! 118
   Du mußt vor dir selbst, nicht vor der Menge bestehen. . 123
   Unterscheide: Dies geschieht, und dies ist meine Vorstellung davon. 127
   Alain: Im Regen 128
   Gleichgültiges gleichgültig nehmen 131
   Wolle, was geschieht 135
   Im Anschluß an die Stoa: Aus einem Brief des Horaz . . 140
Michel de Montaigne, ein stoischer Skeptiker 141
   Michel de Montaigne: Über Verse des Vergil 147
   Michel de Montaigne: Von der Mäßigung des eigenen Willens 150
   Grußwort an „den einzigen Montaigne" 159
Gelassenheit 161
   Zur Einstimmung in Schopenhauer 163
   Arthur Schopenhauer: Würde und Grenze der stoischen Gelassenheit 164
   Arthur Schopenhauer: Nur wer von sich selbst läßt, ist gelassen 166
   Arthur Schopenhauer: Von der Ruhelosigkeit der Egoisten 169
   Arthur Schopenhauer: Über die Gelassenheit 171
   Arthur Schopenhauer: Eine wundersame Gelassenheit . 174
Leid tragen 176
Zuletzt: Wie Beppo Straßenkehrer denkt 186

Quellen 188

Zuvor

Seltene Feste. – Körnige Gedrängtheit, Ruhe und Reife – wo du diese Eigenschaften bei einem Autor findest, da mache Halt und feiere ein langes Fest mitten in der Wüste: es wird dir lange nicht wieder so wohl werden.

Friedrich Nietzsche

Die guten Drei. – Größe, Ruhe, Sonnenlicht – diese drei umfassen alles, was ein Denker wünscht und auch von sich fordert: seine Hoffnungen und Pflichten, seine Ansprüche im Intellektuellen und Moralischen, sogar in der täglichen Lebensweise und selbst im Landschaftlichen seines Wohnsitzes. Ihnen entsprechen einmal erhebende Gedanken, sodann beruhigende, drittens aufhellende, – viertens aber Gedanken, welche an allen drei Eigenschaften Anteil haben, in denen alles Irdische zur Verklärung kommt: es ist das Reich, wo die große Dreifaltigkeit der Freude herrscht.

Friedrich Nietzsche

UNRUHE

Von der Ruhelosigkeit

Die moderne Unruhe. – Nach dem Westen zu wird die moderne Bewegtheit immer größer, so daß den Amerikanern die Bewohner Europas insgesamt sich als ruheliebende und genießende Wesen darstellen, während diese doch selbst wie Bienen und Wespen durcheinanderfliegen. Diese Bewegtheit wird so groß, daß die höhere Kultur ihre Früchte nicht mehr zeitigen kann; es ist, als ob die Jahreszeiten zu rasch aufeinanderfolgten. Aus Mangel an Ruhe läuft unsere Zivilisation in eine neue Barbarei aus. Zu keiner Zeit haben die Tätigen, das heißt die Ruhelosen, mehr gegolten. Es gehört deshalb zu den notwendigen Korrekturen, welche man am Charakter der Menschheit vornehmen muß, das beschauliche Element in großem Maße zu verstärken. Doch hat schon jeder einzelne, welcher in Herz und Kopf ruhig und stetig ist, das Recht zu glauben, daß er nicht nur ein gutes Temperament, sondern eine allgemein nützliche Tugend besitze und durch die Bewahrung dieser Tugend sogar eine höhere Aufgabe erfülle.

Friedrich Nietzsche

„Meeresstille des Gemüts", Ruhe der Seele, innere Harmonie als Einstimmigkeit mit sich selbst und einsichtsvolle Übereinstimmung mit dem großen Ganzen, dem Kosmos, dem Logos, das hieß zugleich: mit dem notwendigen, gefügten Gang der Dinge und Ereignisse; Ausgeglichenheit der Stimmung, Friedenslicht und Milde der Gesinnung; zugleich auch Lebensheiterkeit, Wohlgemutheit, wenn nicht Frohsinn – es waren die *Stoiker,* die danach suchten, und selbstverständlich nicht nur sie.

Philosophie steht hier im Abendlicht, ist wesentlich Erinnerung an Einsichten, die überliefert sind. Die Sucht, originell zu sein, war den Stoikern fremd. Das, worauf es ankommt, was dem Leben Halt gibt – was sich in unerschütterlicher Haltung und Gelassenheit bewährt –, ist nichts, was sich als Neuigkeit aufmachen ließe. Und wenn ein Leben nichtssagend abgespult, gedankenlos vertan, heruntergelebt, irgendwie bloß durchgebracht oder in tagtäglicher Kleinarbeit verbraucht wird, dann ist es unerheblich, ob die Umstände römisch waren: Tischgelage und Geschwätz – oder zeitgenössisch sind: ein Leben am Tropf der Unterhaltungsindustrie. Die Stoa ist nicht aktuell, sie ist gegenwärtig, sie war es stets.

Ihre Philosophie, eine Weise lebensaufmerksamer Besonnenheit, ist keine Beschäftigung des Kopfes mit sich selbst, sondern Bemühen um das Gelingen des Lebens, Mäßigung quertreibender Affekte, Konzentration aufs Wesentliche statt Ablenkung, Sammlung in sich statt Zerstreuung und Turbulenz rastlosen Zeitvertreibs, schließlich die Bereitschaft und Ausdauer, ohne die das Leben weder Form noch Fassung findet: eine deutliche Kontur außen und einen festen Kern innen, der gewissenhafter Prüfung standhält. Ruhe, nicht faule Durchhängerei, vielmehr gefundener Einklang und das Unhektische eines Lebens im guten Fluß sind das Zielbild – Glück das Versprechen, das daran geknüpft ist.

Gesucht wurde ein Denken, das *heilt*, vielleicht darf man sagen: *stillt*. Der Philosoph ist hier Berater, sagen wir: ein aufmerksamer, strenger Freund.

So Seneca (geb. zwischen 4 v. Chr. und 1 n. Chr. in Cordoba; gest. 65 bei Rom). Er rät seinem Freund und Weggefährten Serenus, unter Nero der Präfekt der kaiserlichen Leibstandarte, indem er ihm brieflich die Wege zur Ruhe der Seele zeigt. Der Dialog (*De tranquillitate animi – Von der Ruhe des Gemüts* oder *Von der Seelenruhe*) wird mit einem – wohl von Seneca selbst literarisch fingierten – Brief des Serenus eröffnet.

Der Brief des Serenus

Wer sich kenne, so Serenus in jenem einleitenden Brief, wisse, daß es verschiedene Fehler gebe, unter denen wir leiden: einmal jene, die so offenkundig seien, daß man meine, sie mit Händen greifen zu können, andererseits solche, die eher verborgen blieben, als lägen sie im Versteck. Die lästigsten aber seien nochmals andere, und zwar solche, die kommen und gehen oder die wie Feinde sind, die uns unvermutet aus dem Hinterhalt angreifen. Es sind Fehler, die sich unsere *Schwäche* zunutze machen. Und im Blick auf diese Schwächen müsse er gestehen, er sei wie einer, der weder richtig krank noch recht gesund sei. Er schwanke zwischen den Extremen hin und her ohne die Kraft, sich für dies oder das ganz zu entscheiden. Er müsse wohl an Beispielen erläutern, was ihn so unzufrieden mache, ohne daß er einen Namen für diese sonderbare, verschleißende Krankheit wisse. Und nun erzählt Serenus:

Eigentlich sei er ein sparsamer Mensch, der das Bescheidene und Schlichte schätze. Er verachte im Grunde allen übertriebenen Luxus, und die übliche Eitelkeit, die mit aufwendigem Lebensstil protzt oder sich im Reichtum sonnt, sei ihm zuwider. Doch dann passiere es ihm, daß er in einem der vornehmen Häuser eingeladen sei, das Fest ist glänzend, in der Villa und im Garten, wohin man sieht: feierlich gekleidete Gäste, draußen Wasserspiele, im Saal Musik, auf den Tischen die ausgewähltesten Delikatessen aus aller Herren Länder, edle Weine fließen wie Wasser, und die Gastgeber, von unzähligen Freunden umringt, von Komplimenten und Aufmerksamkeiten verwöhnt, badeten sich im Gefühl, bewundert und im stillen wohl auch beneidet zu werden. Jedenfalls genießen sie die Dankbarkeit der Gäste und erst recht das Empfinden, beliebt und geschätzt zu sein.

Und er? Serenus, der dieses gesellschaftliche Geklingel und Geglänze doch eigentlich herzlich verachtet? Er gehe heim, verkrieche sich in sein stilles, schlichtes Haus und bemerke, wie er mißmutig werde. Jedenfalls gehe er alles andere als erhobenen Hauptes in seinen vier Wänden auf und ab. Irgend etwas fange an, in ihm zu nagen, ihn innerlich anzufressen: Wie, wenn diese Leute nun doch das bessere Leben hätten, wenn sie es im Grunde richtig machten? Nein, tatsächlich zu dieser Ansicht überzulaufen, vor dem Feind zu kapitulieren, kommt nicht in Frage. Dennoch: Die Unruhe bleibt und, er weiß nicht warum, ihn „regt das alles auf". So ist er dort nicht und hier auch nicht.

Ein anderes Beispiel: Freunde wußten ihn zu überreden, in die Politik zu gehen, ein Amt anzunehmen. Er selber habe sich gesagt, nun gut, auf diese Weise tust du etwas Gutes, setzt dich ein, genießt das Leben nicht bloß egoistisch für dich selbst, sondern bist für andere und ihre Interessen tätig. Und? Ein paar Monate in Amt und Würden, erfährt er, daß Politik ein unbarmherziges Geschäft ist: Auf dem Forum wird er angegriffen, denunziert, verkannt, verleumdet, und unter seinen Leuten herrscht der Schlendrian, nichts geht ihm schnell genug voran, er wird ungeduldig, endlich sieht er, wie ihn lauter Nichtigkeiten seiner Zeit berauben – und schon sehnt er sich in die verlassene, private Häuslichkeit und Abgeschiedenheit zurück: Wie das Vieh, das dem heimischen Stall zueilt, „behagt es mir, mich wieder in meine vier Wände einzuschließen". Und er sage sich: Schluß damit, ich denke nicht daran, mir von anderen die Tage stehlen zu lassen, sollen die machen, was sie wollen. Nicht mit mir. Ich bin mir selbst genug. Ich werde mich entspannen, ich werde mich verwöhnen, in aller Herzensruhe werde ich die Zeit verstreichen lassen, ich werde lesen, die Abgeschiedenheit und Stille meines Gartens werde ich genießen und vor allem dafür sorgen, daß mich niemand stört.

Und wie lange geht das gut? Kaum habe er sich bei guter Lektüre ein wenig erholt, fange das öffentliche Leben schon wieder an, ihn aufzureizen. Da ist einer, der, von Erfolgen verwöhnt, übermütig und arrogant geworden ist. Dem muß einer einmal coram publico die Meinung sagen, denke er sich. Oder er hört die sogenannten großen Redner und schon beginne er, sich zu ärgern: alles leere Rhetorik, Wortgeklingel, Effektmacherei, womit man die Leute hinters Licht führt. Müßte man diesen gewissenlosen Verführungsvirtuosen nicht das Handwerk legen? Sollte man nicht versuchen, ehrliche Grundsätze der Redekunst öffentlich verpflichtend durchzusetzen? Etwa so: Erstens: Ohne Effekthascherei einzig und allein die Sache selbst ins Auge fassen. Zweitens: Schlichte, einfache, sachliche Entwicklung der Gedanken. Drittens: Es geht nicht um den Ruhm des Redners, ergo: aller Wort-Aufputz ist überflüssig.

Doch dann? Er muß selber eine Rede halten, einen Text verfassen. Und sogleich ertappt er sich dabei, wie er von derselben Gefallsucht heimgesucht wird, die er eben an den anderen gegeißelt hatte: Da fange er an auszuschmücken und zu feilen, und schon spreche er „nicht mehr mit eigenem Munde". Wo also sind seine Grundsätze geblieben?

Das schlimmste aber sei, daß man sich bei alledem noch nicht einmal darauf verlassen könne, sich selbst in diesem Hin und Her auf die Schliche zu kommen: „Auf unsere eigenen Verhältnisse blicken wir nämlich mit gütiger Gelassenheit, und einem richtigen Urteil steht immer die Voreingenommenheit im Wege. Ich bin überzeugt, schon viele hätten zur Weisheit gelangen können, hätten sie nicht geglaubt, sie wären schon am Ziel, hätten sie nicht manches vor sich selbst verheimlicht." Uns ramponiert die eigene, nicht fremde Schmeichelei. „Wer wagt es denn, sich selbst die Wahrheit einzugestehen?"

Soweit das Geständnis des Freundes, für unseren Zweck frei nacherzählt. Sein eigentliches Elend sei dieses Schwanken, das nicht zur Ruhe kommen lasse, diese Unsicherheit, die ihm nie zu wissen gestatte, wo er hingehöre und was tatsächlich seine Sache sei. Und noch einmal stellt er klar, was sein Problem ist: nicht so sehr, daß er mit aller Gewalt nach irgend einer Seite hingezogen oder von irgendeiner Leidenschaft verschlungen wird, sondern diese Unentschiedenheit, die ihn einmal hierhin, einmal dorthin wirft. Im Bild: „Nicht der Sturm quält mich, sondern die Seekrankheit!"

Und nun der Philosoph, der antwortet. Wie? Zuerst und vor allem schildert er die Lage der Menschen so, wie sie sein Freund als sein einzig und allein eigenes Unglück beklagt. Seneca sagt ihm gewissermaßen: Dir geht es, wie es Menschen eben geht, solange sie sich noch vor einer mutigen, gründlich-nüchternen Bestandsaufnahme ihres Elends fürchten. Und dann: Tatsächlich aber sei er schon viel weiter als die vielen und gesünder als die meisten, denn er erkenne jedenfalls, was sein Elend sei. Das heißt: Er ahne immerhin, was fehlt, und so fange er schon an, zu suchen…

Da nun die stoischen Bilder eines in sich selbst gefügten, tapfer hochgesinnten Lebens unverständlich bleiben, solange wir nicht sehen, was der Stoa als das Unglück, man könnte sagen: als „die Menschen-Krankheit" aufging, hier zunächst Senecas Schilderung des ganz gewöhnlichen, fast durchschnittlichen Elends, sein Bild der Rast- und Ruhelosigkeit der Umgetriebenen, der Halt- und Würdelosen – der „ganz Normalen"…

Die Antwort Senecas

Im stillen frage ich mich wirklich schon lange, mein lieber Serenus, womit ich deinen Gemütszustand wohl vergleichen könnte. Dabei finde ich nur ein Beispiel, das leidlich paßt: das des Patienten, den nach überstandener langwieriger Krankheit hin und wieder noch einmal ein leichtes Fieber befällt und der sich irgendwie unwohl fühlt. Eigentlich ist alles überstanden, er sagt sich auch, er sei gesund, und doch stellt sich die entsprechende Beruhigung nicht ein. Der Arzt muß kommen, den Puls zu fühlen, und jede noch so unscheinbare Schwankung der Körpertemperatur wird zum Anlaß erneuerter Sorgen. Ich denke, das ist so ungefähr dein Fall, mein lieber Serenus. Im Grunde ist dein Körper längst gesund – er hat sich nur noch nicht so recht daran gewöhnt. So sieht man es draußen auf dem Meer: Der Sturm hat sich gelegt, doch über die Wellen geht's noch hin.

Sofern du überhaupt Arznei brauchst, sind es zumindest keine starken Mittel; darüber bist du hinaus. Mit Gewalt gegen dich selbst vorgehen, dir Vorwürfe machen, dich zur Räson rufen – das hast du nicht mehr nötig. Was du brauchst ist Selbstvertrauen und die ruhige Gewißheit, auf dem richtigen Weg zu sein. Und dieses Zutrauen sollte sich auch nicht von einigen Ausflügen auf Abwege irritieren lassen: Hin und wieder geraten wir eben ins Dickicht, so ist das. Das Entscheidende ist, daß du das Ziel nicht aus den Augen verlierst, daß du letztlich weißt, worauf es ankommt. Und du verlierst es nicht aus den Augen, weil du es hoch genug gesteckt hast. In der Tat: Höher, als du es getan hast, kannst du dir dein Ziel nicht stecken. Denn was du suchst, ist so groß und erhaben, daß man es göttlich nennen dürfte: *Unerschütterlichkeit.*

Die Griechen nannten diese hohe, stimmige Verfaßtheit der Seele und Festigkeit des Gemüts *Euthymia*, Wohlgemutheit – Demokrit hat eine berühmte Abhandlung darüber geschrieben –, doch mir scheint diese wortwörtliche Übersetzung nicht recht überzeugend, wie ich überhaupt nicht viel von Übersetzungspedantereien halte: Die Sache muß getroffen sein. Ich nenne, was Demokrit meinte, Seelenruhe.

Doch jetzt ist die Frage, wie verhelfen wir der Seele dazu, ihre beständige und ruhige Verfassung zu finden? Und das heißt zugleich: Wie haben wir zu leben, damit wir mit uns selbst im Einvernehmen stehen, wenn wir uns mit aller Strenge beurteilen? Wie müssen wir sein, damit wir an uns selber Freude haben? Denn das ist es, was uns die Seelenruhe verschafft: Sich nicht überschätzen, sich aber auch nicht unter Wert taxieren. Worum es geht ist, sich gelassen selbst zu kennen, sich dabei nicht zu überheben, aber sich auch nicht herunterzumachen. Das ist es, was unsere Seele ruhig werden läßt.

Doch wie gelangen wir dahin? Ich werde diese Frage allgemein behandeln, und du magst dann zusehen, was du für dich daraus gewinnst.

Dann wirst du übrigens bemerken, daß deine Lage, in der du dich herumquälst, doch immerhin erträglich ist. Schau dir diese Leute an, die sich vermeintlich auf dem Gipfel ihres Ruhmes sonnen, von aller Welt in ihrem Glanz bewundert, tatsächlich aber leiden sie darunter, daß sie sich aus den Zwängen, die ihnen ihre Position und Stellung abverlangt, nicht befreien können. Nebenbei bemerkt: Sie können's nicht, weil sie sich anständigerweise sagen, sie müßten ihre Rolle weiterspielen, ob sie ihnen zusagt oder nicht.

Es ist überall dasselbe: Schau sie dir an, die unruhigen Wesen. Da sind die leichtsinnigen Vögel, die ewig aufgedrehten Flattergeister, die Vergnügungsmenschen, die nie zur Ruhe kommen. Da sind die, die eben noch mit allem fertig und aller Dinge überdrüssig waren: Im nächsten Augenblick werden sie von irgendeinem neuen Einfall hingerissen, doch dann – kaum haben sie, was sie sich erträumten – trauern sie auch schon dem Alten nach, das sie um des Neuen willen fallen ließen. Da sind die Trägen und Gelangweilten: sie regen sich zwar nicht, doch ruhig sind sie auch nicht.

Da sind die, die sich durch die Tage quälen so wie andere, die nicht schlafen können, durch die Nacht: Sie werfen sich hin und her, probieren es mit dieser, dann mit jener Lage, und wenn sie endlich eingeschlafen sind, dann nicht, weil sie zur Ruhe fanden, sondern weil sie die Erschöpfung müde machte. Genauso geht es jenen: Sie versuchen es mal mit dieser, mal mit einer andern Art zu leben, und schließlich bleiben sie in irgendeiner hängen – einfach weil sie ihnen zur Gewohnheit wurde; das Alter tut das übrige hinzu: Man hat, was man hat, was soll man Neues anfangen? Und wieder andere gehen gleich von Anfang an im immer gleichen Trott, nicht weil sie überzeugt von ihrem Weg wären, sondern einfach, weil sie einmal darauf unterwegs sind. Die leiden nun wahrhaftig nicht daran, daß sie ihr Geist bald hierhin, bald dorthin reißt, doch deren Elend ist, daß sie, eingeschlossen in sich selber, stickig werden: ihnen fehlt es an Entschlußkraft und an der Entschiedenheit zu wollen. Sie kommen nicht aus sich heraus, und sofern das Schicksal ihnen nicht verschafft, was ihnen, wie sie meinen, zusteht, verlegen sie sich vollends auf das Träumen. Dann schweben sie und warten, was da kommen soll, und sind doch voller Ungeduld. So geht es allen Unentschiedenen und Unentschlossenen: notwendig sind sie mit sich selber unzufrieden.

Und da sind die andern, die zwar wissen, was sie wollen, um jeden Preis sind sie entschlossen durchzusetzen, was sie sich vorgenommen haben, jedes Mittel, das Erfolg verspricht, ist ihnen recht, doch wenn die Sache schiefgeht, ärgert sie nicht etwa, daß sie Falsches wollten, sondern bloß, daß sie gescheitert sind. Es sind die Unbelehrbaren: Sie können es nicht fassen, daß ihnen so etwas passiert ist, und so verlieren sie den Schwung, etwas Neues anzupacken. Das steigert ihre Ruhelosigkeit noch einmal: Auf der einen Seite können sie's nicht lassen, auf der andern haben sie den Mut verloren, den sie nötig hätten. Ihre Energie versickert, am Ende steht ihr Leben still, ganz zuletzt erstarren sie. Ein bißchen wünschen, ein bißchen hoffen sie zwar noch, ein bißchen machen sie sich Illusionen – doch währenddessen gehen ihre Tage und ihr Leben hin, ohne daß sie wirklich leben.

Und doch kann es für sie noch schlimmer kommen. Ziehen sie sich nämlich, enttäuscht von den gescheiterten Geschäften, in ihr privates Reich zurück, sind sie der Folter untätiger Muße ausgesetzt, die sie zermürbt und schon gar nichts für sie ist. Sie nehmen sich ein Buch vor, lesen ein paar Zeilen, und schon schweifen ihnen die Gedanken ab. Sie starren auf die Worte und fragen sich, wozu sie ihre Zeit verplempern. Und für sie trifft's wirklich zu: Sie müssen nämlich etwas „machen", unternehmen, irgend etwas treiben, sonst befällt sie das Gefühl, sie seien tot. Und warum? Weil sie an sich wie tot sind: Mit sich selber wissen sie „nichts anzufangen". Sie leben nur, solange sie was tun und sofern „sich etwas tut". Wo nichts los ist, ist nichts. Entzieht man ihnen die Beschäftigung, nimmt man ihnen die Belastungen des Alltagslebens ab, bekommen sie es mit sich selbst zu tun – im selben Augenblick ist ihnen, als fielen sie in ein schwarzes Loch. In den vier Wänden halten sie's nicht aus, sie meinen, die Decke falle ihnen auf den Kopf. Doch was tun? Sie sind sich selbst zur Last, und das einzige, was ihnen bleibt, ist die Zeit, die ihnen Muße schenken könnte, auf irgendeine Weise totzuschlagen. Wäre ihre unsinnige Lage nicht die günstige Gelegenheit, einmal über sich und ihr vertanes Leben nachzudenken? Aber nein: das machte alles nur noch schlimmer – meinen sie. Wie sollten sie sich selbst ins Auge sehen, ohne sich zu schämen? Sie ahnen immerhin, daß die Untersuchung, wie es um ihr Leben und sie selber steht, eine schreckliche Bilanz zutage förderte. Also weichen sie sich selber aus. Doch noch einmal: Was tun? Sie wissen's nicht, doch nichts zu tun ist ihnen unerträglich. Das treibt sie in die Enge, und nun kehren sich die Lebenskräfte, die nichts finden, woran sie sich zu schaffen machen könnten, gegen sich: Das Innere wird Kriegsschauplatz. Das Resultat: Man fühlt sich ausgebrannt, man ist erschöpft (die Kräfte haben sich im innerlichen Kampf mit sich tatsächlich aufgezehrt), man steht sich selbst im Weg, alles Selbstvertrauen ist dahin, und die Seele, die früher angesichts des kleinsten Hoffnungsschimmers übermütig wurde, ist jetzt, da ihr die Hoffnung ausging, matt und mutlos. Eine schöne Muße! Sie hassen sie, die schwachsinnigste Arbeit wäre ihnen lieber, als herumzuhängen – lieber irgend etwas tun, als nichts tun, denken sie, doch sie finden nichts und verfallen der Verbitterung: Die anderen, vermeintlich Glücklichen, die ihre Sache machen, verfolgen sie ab jetzt mit ihrem gelbem Neid – was macht, daß sie sich schließlich selbst verachten. Dann gibt's kein Halten mehr: Alles wünschen sie zum Teufel, man klagt das Schicksal an, jammert über schlechte Zeiten, will sich verstecken, doch zurückgezogen in der Ecke brütet man nur nochmals schlimmere Gedanken aus: Denn der Geist hält es nicht aus, unbewegt zu sein. Also stürzt er sich zuletzt in Phantasien, wie man sich selbst beiseite schaffen könnte.

Die Armen! Den Trubel der Geschäfte brauchen sie, um sich einzubilden, daß sie leben. Ihnen geht es wie den Kranken, die die Krätze haben und sich kratzen und behaupten, das tut gut. In Wahrheit macht es sie noch kränker. So die Wuselmenschen: Sie können nicht entbehren, was sie ruiniert, sie verlangen nach dem Gift, das sie kaputt macht. Was sie erleichtert, ist das, was sie beschwert, und beschwert es sie, suchen sie nach etwas anderem, was Linderung verspricht. Dem angeschlagenen Achill erging es so: Wie er sich auch legte, auf den Rücken, auf den Bauch, einerlei, in keiner Lage hielt er aus, er drehte sich zur Seite, dachte, das sei die Erlösung, kaum lag er so, war es dieselbe Hölle wie zuvor.

Serenus, lieber Freund, was meinst du? Ist es mit den Leuten, die ihren Trieb durch Reisen auszuleben suchen, nicht dasselbe? Man müßte einmal raus, sagen sie, also fährt man aufs Geratewohl ans Meer. An Ort und Stelle angekommen, rennen sie am Strand von hier nach da, von da zurück, denken, man müßte eigentlich per Schiff aufs freie Meer hinaus, also mieten sie ein Boot, doch an Bord befällt sie ein Gefühl, als habe man sie auf die Bank genagelt. Nein, das ist entschieden nichts für sie, dieses eintönige Einerlei der Wellen. Was gibt es denn auf See zu sehen? Ist es nicht entsetzlich öde, dazusitzen, nichts passiert, man starrt nur blödsinnig aufs Wasser? Also: war nichts. Bloß zurück ans Ufer! Doch auch da gilt: Wo sie sind, da sind sie nicht. Da hat einer die erlösende Idee: „Auf nach Kampanien!" (Die Gastwirtschaft Kampaniens stand seinerzeit in bestem Ruf…) Gesagt, getan! Man kommt an, man schlemmt, trinkt, ist satt. Was jetzt? „Hinaus in die Natur! Die Bergwälder Bruttiens und Lukaniens durchwandern!" Eine glänzende Idee! Doch in der Einöde fehlt wiederum die Abwechslung. Was ist in den Bergen denn schon los? Das war es also auch nicht. „Nach Tarent sollte es gehen. Tarent hat einen prächtigen Hafen, und selbst im Winter ist das Klima mild. Da läßt es sich leben!" Doch auch da fehlt was. Man ist in der Provinz, es gibt nicht einmal ein Amphitheater! Wann haben wir das letzte Mal Gladiatoren kämpfen sehen? Wie lange ist es her, daß Blut geflossen ist? „Auf nach Rom!" Und so geht's weiter: hierhin, dahin, dorthin, von einem Schauspiel auf zum nächsten, und Lukrez hat recht:

So sucht jeder die Flucht vor sich selbst.

Vergebens allerdings. Die Flucht mißlingt. Zwar flieht man, doch man selbst flieht mit: Wir selbst sind unser lästigster Begleiter, den schütteln wir nicht ab. Ahnen wir nicht längst, daß uns in unserem Elend mit andern Orten nicht geholfen ist? Daß unser Elend – wir selber sind? Wir sind es, die nichts vertragen, die es bei der Arbeit sowenig wie in der Muße aushalten, mit uns nicht und woanders auch nicht. Wir rappeln uns auf, machen Pläne, unternehmen etwas, doch dann sind wir genau wieder da und dieselben wie zuvor. Endlich fällt uns nichts mehr ein… – es gibt Leute, die treibt das in den Tod. Sie fragen sich: Das soll's gewesen sein? Und immer dasselbe? […]

Pascal hat es kurz gefaßt:
 „So verrinnt das ganze Leben: man sucht die Ruhe, indem man einige Schwierigkeiten, die uns hindern, überwinden will; und hat man sie überwunden, dann wird die Ruhe unerträglich."

Friedrich Nietzsche: Muße und Müßiggang

Es ist eine indianerhafte, dem Indianer-Blute eigentümliche Wildheit in der Art, wie die Amerikaner nach Gold trachten: und ihre atemlose Hast der Arbeit – das eigentliche Laster der neuen Welt – beginnt bereits durch Ansteckung das alte Europa wild zu machen und eine ganz wunderliche Geistlosigkeit darüber zu breiten. Man schämt sich jetzt schon der Ruhe; das lange Nachsinnen macht beinahe Gewissensbisse. Man denkt mit der Uhr in der Hand, wie man zu Mittag ißt, das Auge auf das Börsenblatt gerichtet, – man lebt wie einer, der fortwährend etwas „versäumen könnte". „Lieber irgend etwas tun als nichts" – auch dieser Grundsatz ist eine Schnur, um aller Bildung und allem höheren Geschmack den Garaus zu machen. Und so wie sichtlich alle Formen an dieser Hast der Arbeitenden zugrundegehn: so geht auch das Gefühl für die Form selber, das Ohr und Auge für die Melodie der Bewegungen zugrunde. Der Beweis dafür liegt in der jetzt überall geforderten *plumpen Deutlichkeit*, in allen den Lagen, wo der Mensch einmal redlich mit Menschen sein will, im Verkehre mit Freunden, Frauen, Verwandten, Kindern, Lehrern, Schülern, Führern und Fürsten – man hat keine Zeit und keine Kraft mehr für die Zeremonien, für die Verbindlichkeit mit Umwegen, für allen Esprit der Unterhaltung und überhaupt für alles *Otium*. Denn das Leben auf der Jagd nach Gewinn zwingt fortwährend dazu, seinen Geist bis zur Erschöpfung auszugeben, im beständigen Sich-Verstellen oder Überlisten oder Zuvorkommen: die eigentliche Tugend ist jetzt, etwas in weniger Zeit zu tun als ein anderer. Und so gibt es nur selten Stunden der *erlaubten* Redlichkeit: in diesen aber ist man müde und möchte sich nicht nur „gehen lassen", sondern lang und breit und plump sich *hinstrecken*. Gemäß diesem Hange schreibt man jetzt seine *Briefe:* deren Stil und Geist immer das eigentliche „Zeichen der Zeit" sein werden. Gibt es noch ein Vergnügen an Gesellschaft und an Künsten, so ist es ein Vergnügen, wie es müde gearbeitete Sklaven sich zurecht machen.

Oh über diese Genügsamkeit der „Freude" bei unsern Gebildeten und Ungebildeten! Oh über diese zunehmende Verdächtigung aller Freude! Die *Arbeit* bekommt immer mehr alles gute Gewissen auf ihre Seite: der Hang zur Freude nennt sich bereits „Bedürfnis der Erholung" und fängt an sich vor sich selber zu schämen. „Man ist es seiner Gesundheit schuldig" – so redet man, wenn man auf einer Landpartie ertappt wird. Ja es könnte bald so weit kommen, daß man einem Hange zur *vita contemplativa* (das heißt zum Spazierengehen mit Gedanken und Freunden) nicht ohne Selbstverachtung und schlechtes Gewissen nachgäbe. – Nun! Ehedem war es umgekehrt: die Arbeit hatte das schlechte Gewissen auf sich. Ein Mensch von guter Abkunft *verbarg* seine Arbeit, wenn die Not ihn zum Arbeiten zwang. Der Sklave arbeitete unter dem Druck des Gefühls, daß er etwas Verächtliches tue – das „Tun" selber war etwas Verächtliches. „Die Vornehmheit und die Ehre sind allein bei *otium* und *bellum*": so klang die Stimme des antiken Vorurteils!

Menschenbilder

„Die meisten jagt die Not durchs Leben, ohne sie zur Besinnung kommen zu lassen."

Arthur Schopenhauer

Blaise Pascal (1623–1662): Unruhegeist und Ruhesucher wie kein zweiter. Auf sein Denken könnte Musils Wort von der „taghellen Mystik" zugeschnitten sein. Um ihn kurz mit einem intelligenten Kompliment einzuführen, eine rhetorisch blankgeschliffene Eloge vom Meister dieser Gattung: Walter Jens.

„Keiner, soviel darf gesagt sein, hat – Augustinus und Luther nicht ausgenommen – das Unendliche wie das Endliche, die Möglichkeit Gott und die Ungewißheit Mensch, so exakt wie Pascal dargestellt – Pascal, der zumal als Psychologe und, wie Nietzsche sagt, Freund der ‚großen Jagd', der Erkundung der menschlichen Seele und ihrer Grenzen, erst zwei Jahrhunderte später ranggleiche Kombattanten finden sollte – in einem Augenblick, wo ein Begriff wie Langeweile (ennui) ... zur Zentralkategorie wurde, unter der man jene Einheit von Schwermut und Gottesferne, Melancholie und Einsamkeit analysierte, die Pascal gleichsam vorausentdeckt hatte – auch in diesem Punkt übrigens die eigene Krankheit als Krankheit der Zeit diagnostizierend."

Wenngleich, nach diesem Zwischentext, Pascal „das Elend des Menschen" schildern wird – genauer, beiläufig ergänzt, „das Elend des Menschen ohne Gott" –, könnte (selbst ein leidlich aufmerksamer) Leser in Versuchung sein, zu meinen, da werde offenbar dem Menschen dasselbe ungünstige Zeugnis ausgestellt wie von Seneca. Oder hört sich jene lakonische Formel, in die Pascal seine

Auskunft über uns brachte – „Seinslage des Menschen: Unbeständigkeit, Langeweile, Unruhe" –, nicht so an, als resümiere sie Senecas Beschreibung?

Und doch: Den stoischen Philosophen und Weisheitssucher Seneca dort und hier Pascal, den Sonderdenker und Gottessucher, trennen Welten. Ihr Bild des Menschen, so sehr eins dem anderen zu gleichen scheint, ist denkbar verschieden. Also wird es gut sein, die Differenz zu erläutern – erst dann wird verständlich, was der *Grund* der jeweils geschilderten Ruhe- und Rastlosigkeit ist und daß die Ruhe, die der eine – hier auf Erden – zu finden hoffte, nicht jene Ruhe ist, die sich der andere als Aussicht auf die himmlische Heimat ersehnte.

Betrachten wir zunächst das antike, auch noch hellenistische, in Griechenland wie Rom gedachte und verinnerlichte Menschenbild – Grundsatz nicht nur der Stoa: Der Mensch ist das Wesen, das nicht einfach nur lebt, sondern sein Leben führt. Damit war entschieden: Der Mensch wird nur, was zu werden er bestimmt ist, sofern er sich darum bemüht. Ein Leben, das gelingt, galt als Resultat der Arbeit an sich selbst. Ohne Klugheit und Besonnenheit, ohne Einsicht und Distanz zu sich, ohne daß Vernunft und Weisheit der Erfahrung als die eigentlich und letztlich menschlichen Instanzen dieses Leben leiten – beispielsweise ohne den Erwerb von Tugenden –, muß das Leben scheitern oder bleibt es arm und schal, banal, flach, lächerlich; es verfällt den Augenblicksansprüchen der Affekte, wird hin- und hergerissen und findet weder Form noch Fassung. Das gelungene und ansehnliche Leben ist im Gegensatz dazu das Werk vernunftgemäßer Lebensführung, ein geprüftes Leben, das Respekt verdient, das wir verdientermaßen anerkennen, das wir als Vorbild schätzen und dem wir darum Achtung zollen.

Wollte man diesem Menschenbild einen Namen geben, dürfte es das „stolze" heißen. Denn es ist der Stolz des Menschen, daß er sich seiner Tüchtigkeit und Tugend, daß er sich sich selbst verdankt, seiner Sorge um sich selbst.

Doch nun zur Sicht der Ruhelosen und Umtriebigen, wie sie Seneca malte. Was ist mit denen? Sie sind wie nervöse Schlafwandler, die herumirren, wie im Wachen Träumende. Inwiefern? Insofern sie das Unwirkliche – das, was keinen Bestand hat, unwesentlich ist, den bloßen Schein – für Wirklichkeit halten. Sind sie ohne Ruhe von Vergnügen zu Vergnügen unterwegs, dann weil sie sich über ihre wahre Bestimmung und Möglichkeit täuschen. Kurz: Sie irren, sie verkennen das Wahre.

Was ist zu tun? Man muß sie *wecken*. Das ist seit Sokrates die Metapher für das eigentliche philosophische Treiben, jedenfalls macht es den Anfang: Das erste ist, man muß die Menschen aufwecken, denn obgleich sie scheinbar wach sind, schlafen sie. (Sokrates in seinem Prozeß: Der Gott habe ihn zu den Athenern gesandt, damit er sie, die wie Schlummernde sind, anstachele, denn anders bekomme man sie nicht wach. Und er weiß, was geschehen wird, wenn man ihn verurteilt hat: dann habe man seine Ruhe wieder und werde ungestört weiterschlafen...)

Und so geht es auch den Schwankenden und Unentschlossenen, die Seneca schildert: Sie sind, wie eben die Menschen sind, solange sie *noch nicht* aufgewacht sind. Sie haben die Einsicht, die ihnen fehlt, noch *vor sich*. Kämen sie zur Besinnung, begriffen sie, wie hohl ihr Treiben ist – kein Zweifel: dann ergriffen sie ihre wahre, bessere Möglichkeit, dann würden sie nach Weisheit trachten, dann verachteten sie dieses schale, unbefriedigende Leben aufs Geratewohl und suchten nach jenem wahrhaft guten Leben, das sie mit unerschütterlicher Ruhe, die sich der Besonnenheit verdankt, belohnte. Sie kämen zu sich selbst.

Soweit das schöne, zuversichtliche, das *stolze* Bild des Menschen von sich selbst, wie es die Antike ausgedacht hat und das schließlich in der Stoa seine reifste Form fand.

Doch dieses Menschenbild verlor sich, wurde über- (oder unter-?) boten. Nach-antik, im Zeichen Roms und unter dem der Taufe – statt des Philosophen avanciert der Priester jetzt zum Seelenführer

– galt: Der Mensch steht himmelsseitig unter Vorbehalt und ist der Gnade anvertraut, denn aus eigenem Vermögen ist das gute Leben nicht zu meistern. Von Natur aus ist der Mensch das traurige und kranke Tier, und jenen „Schein des Himmelslichts" – „er nennt's Vernunft" – braucht er „allein, / nur tierischer als jedes Tier zu sein" (um beiläufig Mephisto zu zitieren, der „dem alten Herrn" *seine* zynisch-amüsierte Sicht des Menschen mitteilt – durchaus christlich übrigens, dem Dogma nach zumindest…).

Also: Aus sich selbst vermag er nichts, denn der Mensch ist, gerade *weil* er Mensch ist, Sünder, das gefallene Geschöpf, Vertriebener des Paradieses, verdorben und verloren, bedürftig der erbarmenden Erlösung. Ein tapferer Reaktionär – den ich sehr schätze –, *Nicolás Gómez Dávila,* hat dieses Menschenbild aphoristisch verknappt: Der Mensch sei das Problem, für das es keine menschliche Lösung gebe. Kürzer läßt es sich nicht formulieren. Der Stolz ist gebrochen, Demut die Antwort, doch die Abhängigkeit des Menschen verbindet ihn immerhin noch mit der allerhöchsten Stelle. Wir taugen zwar, so wie wir nun mal sind, nicht viel – zugleich jedoch und dennoch sind wir „Himmelskinder". Das gelungene Leben ist das dem Vater in den Himmeln anvertraute und geschuldete, das fromm *gewidmete* Leben.

Wollte man auch diesem Bild des Menschen einen Namen geben, dürfte es das „demütige" heißen. Des Christen Demut ist, nicht hochmütig sich selbst, sondern Gott und seiner Gnade zu vertrauen. An die Stelle des Bewußtseins, sein Leben selbst zu *führen,* tritt die glaubensfromme Zuversicht, *geführt* zu *werden.*

Was ist jetzt die Ruhelosigkeit der Ruhelosen? Es ist die Unrast der Heimatlosen, das gnadenlose Elend jener, die sich von Gott nicht finden ließen. Und jener, die *ihn* suchen, auf daß *er* sie finde.

Den berühmtesten Ausdruck solcher Ruhelosigkeit fand Augustinus:

Inquietum est cor nostrum, donec requiescat in te.
[Ruhelos ist unser Herz, bis es ruhet in dir.]

Noch einige Sätze exemplarisch aus seinen „Confessiones", die „Bekenntnisse" im strikten Sinne sind:

„Wer wird mir geben, daß ich Ruhe finde in dir? Wer wird mir geben, daß du kommst in mein Herz, ... auf daß ich vergäße Sünde und Fehl und dich umfinge, mein einziges Gut? Was bist du mir? Habe Erbarmen, daß Worte ich finde! Ich selbst, was bin ich dir, daß du von mir geliebt zu werden wünschest...? ... Sprich so, daß ich's höre! Siehe die Ohren meines Herzens vor dir, Herr; öffne sie und *sprich zu meiner Seele: ich bin dein Heil.* ... Mich Staub und Asche, laß mich dennoch reden! ... Was will ich denn anderes sagen, Herr, als daß ich nicht weiß, von wannen ich hieher gekommen bin, in dieses – soll ich sagen: in dieses sterbende Leben oder lebende Sterben? Ich weiß es nicht."

Weiß man nach solchen Sätzen, was ein „demütiges Menschenbild" ist? Und was jetzt „Elend des Menschen" heißt? Gottesferne.

Wie sieht es hier mit jenem antik-philosophischen *Wecken* und *Wachmachen* aus, das aus der Ruhelosigkeit des falschen, oberflächlich hingelebten Lebens aufgestört hat, zur Besinnung bringen wollte, zur Nachdenklichkeit anhielt, den Menschen zur Vernunft ermahnte, um an seine beste, bis dahin nur verschlafene, gewissermaßen übersehene Berufung zu erinnern?

Um für diese Frage eine Antwort aufzufinden, wird freilich gut sein, statt nochmals Augustin als Zeugen zu bemühen, sich gleich bei Blaise Pascal Auskunft einzuholen, bei diesem einen und Ausnahmemenschen, von dem Nietzsche meinte, er sei zweifellos „in der Vereinigung von Glut, Geist und Redlichkeit der erste aller Christen" (Morgenröte Nr. 192), und von dem er (im Brief an Georg Brandes vom 20. November 1888) bekannte, daß er ihn „beinahe liebe", denn er sei „der einzige *logische* Christ".

Also: Was ist, nach dem Zeugnis Pascals, das im Anschluß ausführlich zitiert werden wird, die Ursache der Ruhelosigkeit – und was geschieht, wenn die Menschen in ihrer verworren-unruhigen Lebenskonfusion angerufen, wenn sie „geweckt" werden? Tut sich ihnen dann der Glanz des Wegs zur Weisheit auf? Im Gegenteil: Sie sehen ihr Elend, ihre Heil- und Hilflosigkeit, aus der es für sie – aus eigener Kraft und eigenem Vermögen – keinen Ausweg gibt. Und was heißt das, falls wir ihr unsinniges Treiben „deuten" wollten? Es ist nicht der – allerdings noch unaufgeklärte – *Irrtum*, von dem sie frei kämen, wenn es gelänge, sie darauf aufmerksam zu machen, sondern es ist die *Flucht* vor einer Wahrheit, die jene verzweifelt Fliehenden nicht wollen, die ihnen zu schwer ist, die sie fürchten. Sie *verfehlen* also nicht – wie dies griechisch gedacht war – das für sie Wahre, vielmehr laufen sie davor davon. Modern geredet: Die Wahrheit wird nicht verkannt, sondern – in der Sicht Pascals, des „logischen Christen" – verdrängt. Sie haben sie nicht *vor sich*, sie geben sich Mühe, sie *hinter sich* zu bringen. Erinnerte man sie daran, hieße das, sie an das erinnern, was sie vergessen *wollen*. Das ist der Unterschied; er ist gravierend. Er ist so groß wie der, der die beiden Ideale trennt, in denen jene beiden Menschenbilder ihre überzeugende Gestalt erkannten: War es in Griechenland der Weise, der vollkommen lebte, was und wie er dachte, so im Christentum der Heilige, der die Kraft und das Vertrauen fand, sein Leben hinzugeben, um es aus Gottes Hand als unverdiente Gnadengabe zu gewinnen. Solche Unterscheidungen sind (im Hintergrund der Texte) mit zu denken, wenn wir lesen, wie Pascal die Ruhelosigkeit des elenden, zerstreuten, von sich selbst verzweifelt abgelenkten Menschen schildert: Dann verwechseln wir ihn nicht. Pascal ist alles andere als eine Wiederholung Senecas.

Nun könnte ich es eigentlich bei diesen Andeutungen zum antiken und christlichen Menschenbild belassen, wenn es nur darum zu tun wäre, einen guten Übergang zu Pascals Schilderungen des elenden, ruhelosen Menschen zu finden. (Übrigens: Von Pascal selbst werden wir die präzise Differenzierung beider Ansichten vom Menschen lesen.)

Doch der Exkurs wäre allzu unvollständig, erlaubte ich mir nicht rasch noch einen Blick auf das moderne, gegenwärtige Menschenbild, von dem wir schon deshalb eine Vorstellung haben sollten, weil uns das Denken Pascals andernfalls nur unverständlich und fremd, womöglich sonderbar erscheinen müßte. Das Elend des modernen, neuzeitlichen Menschen – und seine Ruhelosigkeit und Treibsandexistenz – ist nochmals etwas anderes, zweifellos auch „Neues", aber Flacheres, Heruntergedekliniertes, Kleingestelltes, ans Durchschnittliche, Menschenmenschliche, Unspektakuläre angepaßt. Um bündig zu reden: Die alten, vor-modernen Menschenbilder greifen so hoch (oder so tief), daß den Gegenwärtigen – falls sie es fassen – notwendig entweder schwindelig wird, oder ihnen ist, als ginge es ins Bodenlose…; man ist „bescheidener" geworden.

„Das allgemeinste Zeichen der modernen Zeit: der Mensch hat in seinen eigenen Augen unglaublich an *Würde* eingebüßt." (Nietzsche, Nachlaß, KSA XII, 254f.)

Also rasch zum Selbstverständnis des Modernen:
Jean-Jacques Rousseau betritt die Bühne – nebenbei bemerkt: das Bild der *Bühne* scheint mir unverzichtbar –, sein Auftritt ist entschieden „theatralisch", Jean-Jacques setzt sich in Szene. Kurz und gut: Der Urahn aller Heutigen und überhaupt Modernen meldet sich zu Wort. Und was er uns verkündet, ist eine wahrhaft neue Botschaft, die Epoche machen wird. Ich will versuchen, sie zu übersetzen.

Hatte der antike Mensch sein Leben *selbst* – aus eigener Berufung zur Vollkommenheit – *geführt*, wandelte der Christ auf Erden *unterm Auge Gottes* in der Zuversicht auf seine Leitung, so wird jetzt Rousseau – ich zitiere Ernst Cassirer – „die Verantwortung an eine Stelle (rücken), an der sie vor ihm niemals gesucht worden war". Jean-Jacques erfindet „gewissermaßen ein neues *Subjekt* der Verantwortung, der ‚Imputabilität'" – und das ist nicht mehr „der einzelne Mensch, sondern die menschliche Gesellschaft".

Diese neue „Imputabilitäts"-Instanz, also „die Gesellschaft", der jetzt die Verantwortung für unser Leben zufällt, ist ein Begriff von derart großzügiger Weite und ausfüllbarer Offenheit, das er von vornherein zu Umbesetzungen gewissermaßen einlädt. Beschränken wir uns also darauf festzustellen: Nicht der einzelne, jeder einzelne für sich, trägt die Verantwortung, schon gar nicht dankt er sie der Gnade, die der Himmel spendet, sondern verantwortlich ist nunmehr das Ensemble der *Verhältnisse*. Jetzt gilt: Weder ist der Mensch das Resultat der selbstverantwortlichen Lebens*führung*, noch weiß er sich als das *geführte* Kind des Himmels, vielmehr findet er sich vor als das Ergebnis, das Umstände aus ihm gemodelt haben. Und so beginnt er sich zu fragen, wer und was es war, was ihn so werden ließ, wie er geworden ist. Die Geschichte der *unendlichen Neugier des modernen Menschen auf sich selbst* beginnt, und der Mensch verhält sich fortan zu sich selber vorzugsweise *theoretisch:* „Wie war es möglich, daß ich der wurde, der ich bin?" ist seine Frage. Peter Sloterdijk diagnostizierte sie als Symptom der zeitgenössischen „Wer-bin-ich-Neurose".

Die Idee wird leitend, das Leben, solange es nur ungestört, das heißt „normal" verlaufe, gelinge von allein. Das heißt: Sofern es nicht gelingt, war da irgend etwas, das es am Gelingen hinderte. Das dürfte übrigens die tiefere Bedeutung der Rousseauschen Hypothese des „von Natur aus guten Menschen" sein: Entdeckt er sich als schlecht, als irgendwie nicht richtig, muß er verdorben worden sein, also begreift er sich als Opfer, analysiert er sich als einen, der traumatisiert, neurotisiert ist – in vulgärer Fassung: „den man kaputt gemacht hat" –, er ahnt, irgend etwas müsse vorgefallen sein, was ihn in seinem Gutsein hemmte, ihn aus der Bahn geworfen hat, und so beginnt er nach den Umständen zu fahnden, die ihn nicht werden ließen, was er von sich aus ganz gewiß geworden wäre: nämlich der normale, gute, richtige, gesunde, lebenslustige, glückliche, arbeitsame, friedliche und sanfte Mensch, allen Freund und mit sich selbst im reinen. Zwangsläufig gerät der Mensch jetzt auf die Bahn, Heteronomien aufzuspüren, um sich von ihnen zu befreien, denn Freiheit verwechselt er mit der Befreiung aus den Zwängen, die ihm ein autonomes Leben nicht gestatten. Er lernt, sich als das Wesen zu verstehen, das von Fremdem seiner selbst entfremdet wurde, er erkennt sich als von andern um sich selbst gebrachtes Wesen, und seine Arbeit wird entsprechend sein – Negation der Negationen –, Schicht für Schicht das Fremde an sich selber abzutragen in der Hoffnung, unter allen lebensbiographischen Verschüttungen und psychisch abgelagerten Verwerfungen werde endlich doch das eigentliche, wahre, das befreite, das *gesunde* Ich zutage treten. Ziel und Lebensauftrag wird, nach langem und beschwerdereichem Umweg endlich „zu sich selbst zu kommen" – das heißt, die Psychologen sind am Zuge: Wie der stolze Mensch sich selbst ermahnte, wie der fromme demütig im Beichtstuhl kniete, liegt der moderne Mensch bei seinem Psychotherapeuten auf der Couch.

Die lästige Frage taucht auf, welchen Namen dieses Menschenbild verdient, das uns das stolze unverständlich und das demütige schleierhaft hat werden lassen? Vielleicht das „traurige"? Das „quengelige"? Böse formuliert: das dünn und klein gemachte? Zuletzt wird es das Beste sein, sich den Namen diesenfalls von Nietzsche auszuleihen, er fand das Stichwort – also nennen wir das gegenwärtige, moderne Menschenbild das „würdelose".

Der Mensch beginnt, sich vor sich selbst zu ekeln, mehr und mehr verliert er den Respekt vor sich – infolgedessen auch vor anderen –, er klagt und jammert und weiß sich nicht zu helfen. Er leidet irgendwie, ist irgendwie bedrückt, es geht ihm irgendwie nicht gut, doch er weiß nicht, was das ist, schon gar nicht, was ihm helfen könnte. Im buchstäblichen Sinne ist sein Elend, daß ihm etwas „fehlt", ohne daß er wüßte was. Oder doch? Nicht „die Verhältnisse", die ihn zur Ruhe kommen ließen? Fragt er sich nicht, wie er ruhig werden solle in diesen unruhigen Zeiten? Bringt er nicht vor, „die Welt" sei einfach viel zu laut, zu schnell, zu voll, zu aufgedreht etc. – und nirgendwo ein Ort, wo man ihn, den Ruhelosen, in Ruhe *ließe,* wo er Ruhe *finde,* seine Ruhe *habe*? Immer übrigens vorausgesetzt, wir hören einen unter uns, dem überhaupt an Ruhe, Stille, eventuell sogar an Langsamkeit gelegen ist (in aktivierter Fassung: an „Entschleunigung") – den vielen geht es anders, die hätten's gern noch lauter, schriller, schneller, denen ist noch allzuviel von Ruhe in der Welt, die sie, soviel an ihnen liegt, gern vertreiben helfen... (Der Leser dieses Buches wird nicht zu dieser angeheizten Spezies der Haltlos-Fröhlichen gehören, weshalb ich hier die große Zahl der Üblichen und der sozial Wahrscheinlichen erleichtert übergehe.)

Nur eines zum Abschluß dieses Exkurses noch, ein Stückchen nachgereichter Farce auf das moderne Menschenbild; wie es einzig angemessen ist: eine Karikatur und Glosse.

Damit sie allerdings den richtigen Anschluß findet, ist zuvor noch eine Differenzierung der vorgeführten Menschenbilder nötig: jene im Blick auf die Frage, wie es mit der Güte des Menschen „von Natur aus" stehe. Die griechische Antwort: Von Natur aus ist der Mensch zur Güte *bestimmt,* allerdings *verfehlt* er seine Bestimmung im unsinnigen, leider üblichen Getreibe. Die christliche: Der Mensch ist von Natur das heillose, gefallene, barmherzigkeitsbedürftige, der Gnade überantwortete Wesen. Daß er dies auch einsieht, ist nicht zuletzt die nötige Bedingung seiner Rettung (besser wohl: Errettung).

Und die moderne Antwort – sofern sie eine „Antwort" ist und nicht nur eine schöne Phantasie, in der wir's uns bequem zu machen suchen? Sie hat Rousseau souffliert: Der Mensch ist von Natur aus gut, doch das Ensemble der Verhältnisse, die leidige Gesellschaft, hat ihn seiner guten Anlage entfremdet.

Und damit jetzt die angekündigte Karikatur. Ihr Autor: Hans Magnus Enzensberger. Ich habe sie seinen „Aussichten auf den Bürgerkrieg" entnommen.

„Daß der Mensch von Natur aus gut sei, diese merkwürdige Idee hat in der Sozialarbeit ihr letztes Reservat. Pastorale Motive gehen dabei eine seltsame Mischung ein mit angejahrten Milieu- und Sozialisationstheorien und mit einer entkernten Version der Psychoanalyse. Solche Vormünder nehmen in ihrer grenzenlosen Gutmütigkeit den Verirrten jede Verantwortung für ihr Handeln ab. Schuld ist nie der Täter, immer die Umgebung: das Elternhaus, die Gesellschaft, der Konsum, die Medien, die schlechten Vorbilder. Jedem Totschläger wird gewissermaßen ein Multiple-Choice-Fragebogen ausgehändigt, den er, zu seinem eigenen Besten, auszufüllen hat: Mama wollte mich nicht; Ich hatte allzu autoritäre / allzu antiautoritäre Lehrer; Papa kam besoffen / nie nach Hause; Die Bank hat mir zuviel Kredit gegeben / mein Konto gesperrt; Ich wurde als Kind / Schüler / Lehrling / Angestellter verwöhnt / zurückgesetzt; Meine Eltern haben sich zu früh / zu spät scheiden lassen; Es gab in meiner Umgebung keine ausreichenden / zu viele Freizeitangebote. Deswegen ist mir nichts anderes übriggeblieben, als eine Brandstiftung / einen Raub / ein Attentat / einen Mord zu begehen. (Zutreffendes bitte ankreuzen.)

Auf diese Weise wird das Verbrechen aus der Welt geschafft, weil es keine Täter mehr gibt, sondern nur noch Klienten. Auch Höß und Mengele stünden damit als hilfsbedürftige Opfer da, denen wir etwas schuldig wären, nämlich eine angemessene Therapie auf Krankenschein. Moralische Fragen können in dieser Logik nur auf seiten der Therapeuten auftauchen, da sie allein über das notwendige Verständnis verfügen. Da alle andern für nichts etwas können, am allerwenigsten aber für sich selbst, existieren sie als Personen nicht mehr, sondern nur noch als Objekte der Fürsorge."

Soviel noch einmal zum Abschluß als kabarettistische Illustration *unserer* Lage, bevor wir uns nun bei Pascal erholen, dem „logischen Christen"…

Er selbst hat – ruhebezüglich – die genaueste Unterscheidung der Welt- und Menschenbilder vorgenommen, und zwar in einem Gespräch, daß er kurz nach seiner „Vision" – so nennt man das Erlebnis, das er sich als „Memorial" notierte und in seinen Rock einnähen ließ – mit Herrn de Saci über (den Stoiker) Epiktet und (den späten Skeptiker) Montaigne führte. Der Sekretär Fontaine hat es aufgezeichnet und überliefert. Ich werde dieses Gespräch kurz nacherzählen. Warum? Zum einen erleichtert es das Verständnis des Pascalschen Bildes vom unruhigen, getriebenen Menschen in seinem Elend. Zum andern stellt Pascal zwei Denker vor, die hier in diesem Buch noch ihren Auftritt haben werden: Epiktet, den in seiner Kürze und Entschiedenheit bewundernswertesten der Stoiker, und Montaigne, den eigenwilligsten und unterhaltsamsten der Skeptiker. Beiden ist an der Ruhe ihrer Seele, an der inneren Ruhe gelegen. Doch wie sie dazu gelangen wollen, das unterscheidet sie untereinander so sehr wie beide von den Gedanken Pascals. So sind sie die geeignete Folie, Pascal zu präsentieren: Pascal vor dem Hintergrund der Stoa und der Skepsis.

Und nun zu jenem überlieferten Gespräch, das dem erhaltenen Bericht nach freilich nur sehr eingeschränkt verdient, ein „Gespräch" genannt zu werden. Pascal trägt vor, welches Urteil er sich über „diese beiden großen Geister", Epiktet und Montaigne, gebildet habe, Herr de Saci hört zu, der Sekretär macht sich Notizen. Das Thema ist, ließe sich vorweg zusammenfassend sagen: *Was ist der Mensch?*

Wie dachte Epiktet, der wohl für die Stoa überhaupt einsteht, vom Menschen? Kurz gesagt: So hoch, so anspruchsvoll, so konsequent und zuversichtlich, wie niemand je zuvor vom Menschen dachte. Pascal zitiert den Philosophen: „Sagt niemals, ich habe dies oder jenes verloren, sagt vielmehr, ich habe es zurückgegeben. Mein Sohn ist tot, ich habe ihn zurückgegeben. Meine Frau ist tot, ich habe sie zurückgegeben. ... Ihr dürft nicht wünschen, daß die Dinge, die geschehen, so geschehen, wie ihr es wollt; vielmehr müßt ihr wollen, daß sie so geschehen, wie sie geschehen."

Das sei nun allerdings sehr hoch und anspruchsvoll von „diesem großen Geist" gedacht, erklärt Pascal, ja er verdiente, „angebetet zu werden" – allerdings ... Und jetzt meldet er seinen Einspruch an: Epiktet, der solches vom Menschen verlange und ihm rate, wenn er zur inneren Ruhe gelangen wolle, hat nicht nur hoch, er hat *zu* hoch vom Menschen gedacht. So habe er die Ohnmacht des Menschen übersehen, sein Unvermögen, seine Schwäche. Epiktet habe unterstellt, was der Mensch vernünftigerweise solle, müsse er auch können, der Gott habe ihm die nötigen Mittel dazu gegeben. So zu denken aber sei der schlimmste, „teuflische Hochmut". – Ich sage es mit meinen Worten: Epiktet hat den Weg zur Ruhe *durch Stärke* gewiesen. Sei stark, und du wirst zur inneren Ruhe finden. Soweit Epiktets stolzes Menschenbild, das nach Pascals Einschätzung *allzu* stolze.

Und nun Montaigne. Wie denkt der Skeptiker vom Menschen? Der denkt nun freilich nicht so stolz und hoch vom Menschen, sondern – was Pascal zunächst einmal freut und geradezu „Vergnügen bereitet" – er „demütigt die hochmütige Vernunft", indem er sie „mit ihren eigenen Waffen" schlägt: Er zeigt, wie unvernünftig es ist, etwas aus vermeintlichen Gründen der Vernunft zu wollen, was man tatsächlich nicht vermag. Montaigne rät also, den Anspruch an sich zu mäßigen, wenn man gut und ruhig leben wolle. Die Weisheit gebiete sogar, die Ansprüche die Weisheit zu mäßigen. (Zitat Montaigne: „Die Weisheit hat ihre Auswüchse und bedarf der Mäßigung nicht weniger als die Torheit.") Also auch Montaigne meint, Epiktet habe das Vermögen des Menschen zu hoch veranschlagt, ihn überfordert. Das Resultat sei schließlich, daß der Stoiker mit beständigen Mühen nach einer Ruhe suche, „zu der er nie gelange", so Pascal, der dieser Ansicht Montaignes soweit zustimmt. Und weiter: Montaignes „eigene Tugend" hingegen sei „unbefangen, umgänglich, lustig, gut gelaunt und sozusagen mutwillig; sie folgt dem, was sie entzückt, und treibt lässig ihre Späße mit den guten oder schlechten Wechselfällen, während sie auf einem bequemen Ruhelager weich gebettet ist, und dort zeigt sie den Menschen", die mit stoischem Gemütsbeherrschungsaufwand ihr Glück in der Ruhe suchen, „daß dieses Glück nur da ist, wo sie sich der Muße hingibt, und daß die Unwissenheit und die Gleichgültigkeit zwei sanfte Ruhekissen für einen gescheiten Kopf sind", wie er selbst gesagt habe. Wenn sich also Montaigne ruhig halte, dann darum, weil er „die Bequemlichkeit und Sorglosigkeit bei allem zur Richtschnur seines Handelns gemacht" habe.

Heißt das nun, so wie Epiktet zu hoch und stolz vom Menschen gedacht habe, so Montaigne zu niedrig und würdelos? In der Tat: Das ist die Ansicht Pascals, des Christen. Hier seine zusammenfassende, beide vergleichende Conclusio:

„Wie mir scheint, besteht die Quelle der Irrtümer dieser beiden Philosophenschulen darin, nicht gewußt zu haben, daß der gegenwärtige Zustand des Menschen sich von jenem seiner Schöpfung unterscheidet; derart, daß der eine gewisse Spuren der ursprünglichen Größe des Menschen bemerkt und dessen Verderbnis verkannt hat, und deshalb hat er die Natur so behandelt, als sei sie gesund und brauche keinen Heiland, was ihn auf den Gipfel des Hochmuts führt; der andere hat umgekehrt das gegenwärtige Elend des Menschen empfunden und dessen ursprüngliche Würde verkannt, und deshalb behandelt er die Natur so, als sei sie notwendig schwach und heilsunfähig, was ihn daran verzweifeln läßt, ein wahrhaftiges Gut zu erreichen, und das läßt ihn in äußerste Willenlosigkeit versinken. Da diese beiden Zustände des Menschen, die man zusammen erkennen müßte, um die ganze Wahrheit zu erfassen, also getrennt erkannt wurden, führen sie zwangsläufig zu einem dieser zwei Laster, dem Stolz und der Trägheit, denen alle Menschen unfehlbar verfallen sind, bevor die Gnade sie erleuchtet." So also habe der eine zu sehr an die „Größe" des Menschen geglaubt, der andere sich allzu sehr mit dessen „Schwäche" arrangiert.

Das ist das Urteil im Namen des christlichen Menschenbildes: Dem einen mangelt es an Demut, dem andern fehlt der Glaube, daß dem Menschen in seiner Schwäche aufgeholfen werden könne.

Gleichwohl, meint Pascal, lasse sich aus der Lektüre beider Philosophen Nutzen ziehen... Denn:

„Bei Epiktet finde ich eine unvergleichliche Kunst, die Ruhe jener zu stören, die diese Ruhe bei den äußerlichen Dingen suchen, um sie zu der Erkenntnis zu zwingen, daß sie wahrhaftige Sklaven und elende Blinde sind, daß sie unmöglich etwas anderes als Irrtum und Schmerz finden" – so wie sie suchen. Montaigne hingegen sei „darin unvergleichlich, ... daß er jene aus ihrem Irrtum reißt, die... glauben, in den Wissenschaften unerschütterliche Wahrheiten zu finden, und daß er die Vernunft so klar überführt, wie wenig Einsicht sie hat und welchen Verirrungen sie unterliegt".

Indem Epiktet jedoch die Trägheit bekämpfe, verführe er zum Stolz, „und Montaigne ist ganz unheilvoll für jene, die eine gewisse Neigung zur Gottlosigkeit und zu den Lastern haben".

Fazit? Empfehlenswert sei, den Menschen die Lektüre *beider* nahezulegen, denn dann fänden sie weder im Stolz noch in der Trägheit ihre Ruhe, die sie ja auch weder im einen noch im andern finden sollten... Denn daß sich die Menschen im Falschen beruhigen könnten, das wäre das Schlimmste.

Wichtiger Standpunkt: Verächtlich sind, die Ruhe *um jeden Preis* suchen. Die soll man allerdings nicht schlafen lassen, sondern aus ihrer Ruhe aufstören.

Damit Ende des Zwischentextes, und nun kommt Pascal selbst zu Wort, *seine* Schilderung des elenden Menschen, der ruhelos ist, weil er den Mut nicht findet, sich seine Mutlosigkeit einzugestehen, die Größe nicht, sich in seiner Kleinheit anzuerkennen, die Kraft nicht, seine Schwäche auszuhalten, den Glauben nicht, seine Kleingläubigkeit zu bekennen – der rastlos sich selber „rettet", um nicht gerettet zu werden, der sich nicht kennt, weil er sich nicht kennen *will*, weil er *fürchtet*, sich zu erkennen, zuletzt wohl: erkannt zu sein.

Blaise Pascal: Fragmente aus den „Pensées"

Zerstreuung. – Wenn der Mensch glücklich wäre, würde er es um so mehr sein, je weniger er Zerstreuungen ergeben wäre, wie die Heiligen und Gott. Ja; aber heißt es nicht glücklich sein, wenn man durch Zerstreuungen erfreut werden kann?

– Nein; denn sie kommen anderswoher und von außen; und deshalb sind sie abhängig und allenthalben dem Umstand unterworfen, von tausend Zufällen gestört zu werden, die zu unabwendbaren Leiden führen.

Zerstreuung. – Da die Menschen nicht Tod, Elend und Unwissenheit heilen konnten, sind sie, um sich glücklich zu machen, auf den Einfall gekommen, nicht daran zu denken.

Elend. – Das einzige, was uns über unser Elend hinwegtröstet, sind die Zerstreuungen. Und doch sind sie unser größtes Elend. Denn gerade sie sind das Haupthindernis, wenn wir über uns selbst nachdenken wollen, und sie stürzen uns unmerklich ins Verderben. Ohne Zerstreuungen litten wir an Langeweile, und diese Langeweile würde uns drängen, ein zuverlässigeres Mittel zu suchen, um uns davon zu befreien; die Zerstreuungen aber unterhalten uns und lassen uns unmerklich dem Tode anheim fallen.

Unruhe. – Wenn ein Soldat sich über die Mühe beklagt, die er zu bestehen hat, oder ein Ackersmann usw., so soll man sie ohne jede Tätigkeit lassen.

Zerstreuung. – Der Tod ist leichter zu ertragen, wenn man nicht an ihn denkt, als der Gedanke an den Tod, wenn man außer Gefahr ist.

Zerstreuung. – Man belastet die Menschen von Kindheit an mit der Sorge um ihre Ehre, um ihren Besitz, um ihre Freunde und dazu noch um den Besitz und die Ehre ihrer Freunde, man überhäuft sie mit Geschäften, mit dem Erlernen der Sprachen und mit Übungen, und man gibt ihnen zu verstehen, sie könnten nicht glücklich sein, ohne daß es gut um ihre Gesundheit, ihre Ehre, ihr Vermögen und um die Gesundheit, die Ehre, das Vermögen ihrer Freunde stehe, und wenn nur eines davon fehle, so werde sie das unglücklich machen. Also überträgt man ihnen Pflichten und Geschäfte, die sie vom frühen Morgen an in Bewegung halten. Das, so werdet ihr sagen, ist eine seltsame Art, sie glücklich zu machen; was könnte man mehr tun, um sie unglücklich zu machen? Wie denn, was man tun könnte? Man brauchte ihnen nur all diese Sorgen abzunehmen, denn hierauf würden sie sich selbst sehen, sie würden daran denken, was sie sind, woher sie kommen, wohin sie gehen, und gerade deshalb kann man sie gar nicht zu sehr beschäftigen und ablenken. Und darum auch rät man ihnen, nachdem man sie mit so vielen Geschäften beauftragt hat und sobald sie einige Mußestunden haben, daß sie diese benutzen sollen, um sich zu zerstreuen, zu spielen und sich immer ganz und gar beschäftigt zu halten.

Wie hohl und voller Schmutz ist doch des Menschen Herz.

Zerstreuung. – Als ich es zuweilen unternommen habe, die ruhelose Geschäftigkeit der Menschen zu betrachten, wie auch die Gefahren und die Strapazen, denen sie sich bei Hofe und im Kriege aussetzen, woraus so viele Streitigkeiten, Leidenschaften, kühne und oft unheilvolle Unternehmungen usw. erwachsen, habe ich häufig gesagt, daß das ganze Unglück der Menschen aus einem einzigen Umstand herrühre, nämlich, daß sie nicht ruhig in einem Zimmer bleiben können. Wenn ein Mann, der genug Vermögen zum Leben hat, es verstünde, vergnügt zu Hause zu bleiben, so würde er nicht ausziehen, um über das Meer zu fahren oder sich an der Belagerung einer Festung zu beteiligen; man kauft wohl nur eine Stelle in der Armee für soviel Geld, weil man es unerträglich findet, sich nicht aus der Stadt fortzurühren, und man sucht Unterhaltungen und Zerstreuung bei Spielen nur, weil man nicht vergnügt zu Hause bleibt. Usw.

Doch da ich es genauer bedachte und nachdem ich den Grund für all unser Unglück gefunden hatte, wollte ich dessen Ursache(n) entdecken, und ich habe gefunden, daß es eine ganz sichere gibt, die im natürlichen Unglück unserer schwachen und sterblichen Beschaffenheit besteht, die so elend ist, daß nichts uns trösten kann, wenn wir sie recht bedenken.

Welche Lage man sich auch immer vor Augen führen mag, wenn man alle Güter zusammenhäuft, die uns gehören können, so ist die Königswürde doch die schönste Stellung der Welt, und trotzdem, wenn man sich denkt, mit ihr und allen Befriedigungen versehen zu sein, die mit ihr in Zusammenhang stehen können, wenn der Betreffende ohne Zerstreuung ist und man ihn Betrachtungen und Überlegungen darüber, was er ist, anstellen läßt – so wird dieses schwache Glück ihm nichts helfen –, er wird notgedrungen in Gedanken über jene Geschehnisse verfallen, die ihn bedrohen, über die Empörungen, die eintreten können, und schließlich über den Tod und die Krankheiten, die unausbleiblich sind, so daß er nun, wenn ihm das fehlt, was man Zerstreuungen nennt, unglücklich ist und unglücklicher als der Geringste seiner Untertanen, der spielt und sich zerstreut.

(Das einzige Gut der Menschen besteht also darin, daß sie von den Gedanken an ihre Lage abgelenkt werden, und das entweder durch eine Beschäftigung, die sie davon abbringt, oder durch irgendeine angenehme und neue Leidenschaft, die sie ausfüllt, oder auch durch das Spiel, die Jagd, irgendein anziehendes Schauspiel und schließlich durch jenes, was man Zerstreuungen nennt.)

Daher kommt es, daß das Spiel und der Umgang mit Frauen, der Krieg und die hohen Ämter so begehrt sind. Das ist nicht etwa deshalb, weil wirklich Glück darin läge oder weil man sich vorstellte, die wahre Seligkeit sei es, das Geld zu besitzen, das man beim Spiel gewinnen kann, oder sie bestehe in dem Hasen, dem man nachjagt: man würde ihn nicht haben wollen, wenn man ihn geschenkt bekäme. Nicht diesen trägen und ruhigen Gebrauch, der uns an unsere unglückliche Lage denken läßt, sucht man, ebensowenig die Gefahren des Krieges oder die Mühsal der Ämter, sondern die Unruhe, die uns abhält, an unsere Lage zu denken, und die uns zerstreut. Aus diesem Grunde hat man die Jagd lieber als die Beute.

Daher kommt es, daß die Menschen das Getümmel und die Aufregung so gern haben. Daher kommt es, daß das Gefängnis eine so schreckliche Qual ist, daher kommt es, daß die Freude an der Einsamkeit etwas Unbegreifliches ist.

[Kongenial heißt es übrigens später bei Kierkegaard: „In dem Unentwegt-Gesellschaftlichen unserer Zeit gruselt man sich in dem Grade vor der Einsamkeit, daß man (o herrliches Epigramm!) sie zu nichts anderem zu gebrauchen weiß als zur Strafe für Verbrecher."]

Und schließlich ist es die große Ursache des Glücks in der Stellung der Könige, daß man unablässig versucht, sie zu zerstreuen und ihnen alle Arten von Vergnügungen zu verschaffen. Der König ist von Leuten umgeben, die nur daran denken, den König zu zerstreuen und ihn davon abzuhalten, an sich selbst zu denken. Denn er ist unglücklich, sosehr er auch König ist, sobald er daran denkt.

Das ist alles, was die Menschen haben erfinden können, um sich glücklich zu machen, und diejenigen, die sich angesichts dessen als Philosophen aufspielen und glauben, die Welt sei sehr wenig vernünftig, wenn man den ganzen Tag damit verbringt, einem Hasen nachzujagen, den man als gekauften nicht haben wollte, kennen unsere Natur nicht gut. Dieser Hase würde uns nicht vor dem Gedanken an den Tod und dem Elend bewahren, das uns davon ablenkt, die Jagd jedoch bewahrt uns davor...

(Einem Menschen zu sagen, er solle ausruhen, bedeutet, ihm zu sagen, er solle glücklich leben. Es bedeutet, ihm zu raten: Eine ganz und gar glückliche Lage zu haben, über die er in aller Muße nachdenken kann, ohne einen Anlaß zum Kummer dabei zu finden. – Das bedeutet nun, die Natur nicht zu verstehen.)

Daher vermeiden die Menschen, die von Natur aus ihre Lage wahrnehmen, nichts so sehr wie die Ruhe; sie lassen nichts unerprobt, um die Aufregung zu suchen.

Deshalb geht man fehl, wenn man sie tadelt; ihre Schuld besteht nicht darin, daß sie den Tumult suchen. Wenn sie ihn nur als eine Zerstreuung suchten! Doch das Übel besteht darin, daß sie ihn aufsuchen, als sollte der Besitz der Dinge, um die sie sich bemühen, sie wirklich glücklich machen, und darin beschuldigt man ihre Suche zu Recht der Eitelkeit, so daß bei alldem diejenigen, die tadeln, wie auch diejenigen, die getadelt werden, nicht die wirkliche Natur des Menschen verstehen.

Und wenn man ihnen daher vorwirft, daß das, was sie mit solchem Feuereifer suchen, sie nicht zufriedenstellen kann, und sie darauf antworteten, wie sie es tun müßten, wenn sie genau darüber nachdächten, daß sie dabei nur eine ungestüme und hitzige Beschäftigung suchen, die sie davon abhält, an sich selbst zu denken, und daß sie sich deshalb ein verlockendes Ziel setzen, das sie begeistert und leidenschaftlich anzieht, so würden sie ihren Gegnern das Wort abschneiden... – Die Eitelkeit, das Vergnügen, sie [also die Eitelkeit] den anderen zu zeigen. – Der Tanz, bei dem man genau daran denken muß, wo man die Füße hinsetzt. – Aber sie geben keine derartige Antwort, weil sie sich selbst nicht kennen. Sie wissen nicht, daß sie nur die Jagd und nicht die Beute suchen. Der Edelmann glaubt aufrichtig, die Jagd sei ein großes, ja ein königliches Vergnügen, doch sein Treiber teilt jene Meinung nicht. Sie bilden sich ein, wenn sie dieses Amt erhalten hätten, so würden sie hierauf mit Vergnügen ausruhen, und sie nehmen nicht die unersättliche Natur der Begierde wahr. Sie glauben, aufrichtig nach Ruhe zu streben, und sie streben tatsächlich nur nach rastloser Bewegung.

Sie haben einen geheimen Trieb, der sie bewegt, äußerliche Zerstreuung und Beschäftigung zu suchen, und der aus dem Gefühl ihres beständigen Elends erwächst. Und sie haben einen weiteren geheimen Trieb, der von der Größe unserer ursprünglichen Natur übriggeblieben ist und der sie erkennen läßt, daß das Glück tatsächlich nur in der Ruhe und nicht im Tumult liegt. Und aus diesen beiden entgegengesetzten Trieben bildet sich in ihnen ein verworrener Vorsatz, der sich vor ihren Blicken am Grunde ihrer Seele verbirgt und der sie bewegt, nach Ruhe durch Geschäftigkeit zu streben und sich stets vorzustellen, daß sie die Zufriedenheit, die sie nicht im mindesten haben, erreichen werden, wenn sie erst einige klar erkennbare Schwierigkeiten überwunden haben und sich dadurch das Tor zur Ruhe öffnen können.

So verrinnt das ganze Leben; man sucht die Ruhe, indem man gegen einige Hindernisse kämpft, und wenn man sie überwunden hat, wird die Ruhe unerträglich wegen der Langeweile, die sie erzeugt. Man muß sie aufgeben und sich eifrig ins Getümmel stürzen.

Denn entweder denkt man an das Elend, das man erleidet, oder an jenes, das uns bedroht. Und sogar, wenn man sich von allen Seiten ausreichend geschützt sähe, so würde die ihrer Autorität beraubte Langeweile doch unablässig vom Grunde des Herzens, wo sie natürliche Wurzeln hat, empordringen und den Geist mit ihrem Gift erfüllen.

Nietzsche: Klagelied

Es sind vielleicht die Vorzüge unserer Zeiten, welche ein Zurücktreten und eine gelegentliche Unterschätzung der *vita contemplativa* mit sich bringen. Aber eingestehen muß man es sich, daß unsere Zeit arm ist an großen Moralisten, daß Pascal, Epiktet, Seneca,

Plutarch wenig noch gelesen werden, daß Arbeit und Fleiß – sonst im Gefolge der großen Göttin Gesundheit – mitunter wie eine Krankheit zu wüten scheinen. Weil Zeit zum Denken und Ruhe im Denken fehlt, so erwägt man abweichende Ansichten nicht mehr: man begnügt sich, sie zu hassen. Bei der ungeheuren Beschleunigung des Lebens wird Geist und Auge an ein halbes oder falsches Sehen und Urteilen gewöhnt, und jedermann gleicht den Reisenden, welche Land und Volk von der Eisenbahn aus kennenlernen. Selbständige und vorsichtige Haltung der Erkenntnis schätzt man beinahe als eine Art Verrücktheit ab, der Freigeist ist in Verruf gebracht, namentlich durch Gelehrte, welche an seiner Kunst, die Dinge zu betrachten, ihre Gründlichkeit und ihren Ameisenfleiß vermissen und ihn gern in einen einzelnen Winkel der Wissenschaft bannen möchten: während er die ganz andere und höhere Aufgabe hat, von einem einsam gelegenen Standorte aus den ganzen Heerbann der wissenschaftlichen und gelehrten Menschen zu befeligen und ihnen die Wege und Ziele der Kultur zu zeigen. – Eine solche Klage, wie die eben abgesungene, wird wahrscheinlich ihre Zeit haben und von selber einmal, bei einer gewaltigen Rückkehr des Genius der Meditation verstummen.

Herrschaft der Zeit

Nicht einmal die Büchse der Pandora könnte so viele Unglücksfälle und so viel Elend enthalten, als sich in dem kleinen Wort verbirgt: die Forderung der Zeit.

Sören Kierkegaard

Seneca zunächst, nun Pascal, eine Stimme aus dem ersten, eine aus dem siebzehnten Jahrhundert, eingeschoben einige knappe Differenzierungen vorwiegender Menschenbilder: das antike, das gründlich christliche, das immer noch moderne – soll ich es dabei bewenden lassen, um sogleich zu den Wegweisern der inneren Ruhe überzugehen? Fehlt da nicht noch etwas? Ein Blick auf unsere gegenwärtige Umtriebigkeit und Umgetriebenheit – wir treiben nicht nur, wir sind getrieben –, ein Exkurs zu unserer Unrast, Schnelle, etwa auch zur vielfach beschriebenen Beschleunigung aller Verhältnisse? Ich rede nicht von „Hektik", das Wort klingt abgenutzt. Außerdem weist es in die falsche Richtung: Es „psychologisiert" die Sache unzulässig, rechnet sie umstandslos der Person zu, so wie ehedem von den „Nervösen" geredet wurde. Da wird das Wesentliche, entschieden Unheimliche, Tiefsitzende des Problems verkannt, mit dem wir es zu tun haben. Und das sind nicht die Menschen, denen die Zeit knapp wird, die lächerlich aufdrehen oder kribbelig werden, wenn sie umstandsbedingt einige „kostbare Minuten" verlieren. Was sich vielmehr abzeichnet, ist die Einrichtung (oder Aufrichtung) einer *Macht*, die herrscht, in alle Fugen und Ecken vordringt; die Köpfe besetzt; Entscheidungen herbeinötigt, ehe sie reifen konnten; die aufrichtet, umwirft; das Neue bestätigt, das Alte verneint, das Neue schleunigst veralten läßt und abserviert; die uns anfangs schleichend, unmerklich, inzwischen offen, zynisch, bekenntnisfroh verrückt macht... Was sich ereignet hat, ist ein Wechsel an oberster Stelle, die Herrschaft über alle Herrschenden ist an *die Zeit* übergegangen. Johann Baptist Metz dazu:

„Nietzsches Botschaft vom Tode Gottes ist, genau besehen, eine Botschaft von der Zeit, von der Divinität der Zeit. [Die] Aufkündigung der Herrschaft Gottes ist die Ankündigung der Herrschaft der Zeit, der elementaren, der unerbittlichen und undurchdringlichen Hoheit der Zeit. Gott ist tot. Was nun in allem Vergehen bleibt, ist die Zeit selbst: ewiger als Gott, unsterblicher als alle Götter. Es ist die Zeit ohne Finale, ja – wie Nietzsche ausdrücklich betont – ‚ohne Finale ins Nichts'. Es ist die Zeit, die nicht beginnt und die nicht endet, die Zeit, die keine Fristen kennt und keine Ziele, keine himmlischen Ziele und keine irdischen, keine spekulativ durchschauten wie bei Hegel und keine politisch zu verwirklichenden wie bei Marx. Es ist die Zeit, die nichts will außer sich selbst, die Zeit als die letztverbliebene Majestät, nachdem alle metaphysisch erbauten Throne gestürzt sind, die Zeit als das einzige nachmetaphysische Faszinosum. Es gehört zu den bemerkenswertesten ‚Zeichen der Zeit', daß gegenwärtig über nichts so viel gerätselt und nachgedacht, so viel publiziert und gestritten wird wie über die Zeit selbst."

Ganz recht, und ich werde mich daran beteiligen. Denn meine Vermutung ist, daß von den vielen, die da publizieren und streiten, etwas übersehen wird: nichts Beiläufiges, keine Spezialität, kein Detail, sondern Entscheidendes, Zugrundeliegendes. Etwas, das man sehen und begriffen haben muß, wie ich denke, wenn die moderne Unruhe gehörig verstanden werden soll.

Ich beginne mit einer These: *Die Moderne ist die Zeit der Zeit.* Sehen wir zu, auf welche Beobachtungen uns diese Behauptung bringt, was uns diese Annahme plausibel werden läßt.

Mit Beginn der Neuzeit bricht eine auffällige Flut von Zeitbestimmungsversuchen über die Welt herein. Wie keine Epoche zuvor muß die Moderne offenbar versuchen, zu einer Bestimmung ihrer selbst zu kommen, also sich selbst zu begreifen.

Das Zeitalter der Aufklärung wurde diagnostiziert, des Fortschritts, der Säkularisation, der Emanzipation, die Zeit wurde als der Aufbruch der Völker und Nationen ausgerufen, vom Zeitalter der Wissenschaft war die Rede, von der Epoche des Nihilismus, Schlüsselbegriffe wie Atomzeitalter, Revolutionszeitalter, Industriezeitalter waren als Identifikationen im Umlauf – und dazu eine schlichtweg unübersehbare Fülle kleinkarierterer, modisch kurzlebiger Auslegungsversuche: Maschinenzeitalter, Computerzeitalter, Medienzeitalter, Informationszeitalter, Wissenszeitalter, in den Feuilletons ist (noch) von der Postmoderne die Rede – und wie die Etiketten sonst heißen mögen. Tagesspezialitäten wie „Internet-Zeitalter" zu diskutieren, mag der Presse überlassen bleiben.

Nun wäre es langweilig, die Begriffslitanei fortzusetzen – sie ließe sich noch lange fortsetzen. Denn wichtig allein ist: Nicht diese oder jene Bestimmung ist zutreffend, sondern daß die Moderne die Welt ist, die sich selbst als Zeit und Epoche versteht und nun zwanghaft nach sich selber fragt, sich zu bestimmen sucht. Und ein Zusatz ist wichtig: Sie kommt damit an kein Ende. – Warum ist das so?

Indem sich die Moderne als Zeit auslegt, interpretiert sie sich als werdende und vergehende Welt, als eine Welt, in der nichts bleibt, was es eben noch ist, als andauernde Veränderung, als endlosen Prozeß – und, um auch dies gleich anzufügen: als permanente Krise. „Die Zeit", hat ein Kranker bemerkt, den Karl Jaspers gelegentlich zitierte, „hat etwas Verschwinderisches". Das ist ein weises Wort. Denn so nimmt die moderne Welt sich tatsächlich selber wahr: als unaufhaltsame Bewegung, als permanentes Verschwinden – mit einem seinerseits auf dem Wege der Veralterung nahezu verschwundenen Begriff: als alles erfassende Vergänglichkeit.

Mein Eingangsthese, die Moderne sei die Zeit der Zeit, verträgt nach alledem wohl eine schärfere Formulierung. Die müßte lauten: sie ist der Zeit verfallen. Sie ist der Herrschaft der Zeit unterworfen.

Das bedeutet: Sie hat die Ewigkeit verloren, indem sie der Zeitlichkeit anheimfiel – oder: sie verfiel der Zeit, indem sie die Ewigkeit verlor.

Das war es, was auch Metz im Auge hatte und – im Ton luzider Vornehmheit – die „Divinität der Zeit" nannte... Wir werden sehen, was für eine „merkwürdige" Göttin – ich rede meinerseits vornehm – die Zeit ist. Schauen wir uns die Verfassung der Welt an, die unter ihrem Regiment steht.

Die Zeit der Zeit kennt nichts Statisches: Sie ist der sich ständig entwickelnde Prozeß-Progreß. Ihr Element ist die Veränderung. Dabei ist sie nicht nur überhaupt der unablässige Prozeß, der verändert, in Bewegung setzt, sondern sie ist wesentlich offener, unabgeschlossener Prozeß. „Unabgeschlossen" nun aber nicht in dem einfachen Sinne, wie man etwa von einer Sache sagt, sie sei noch nicht fertig, sondern die moderne Welt ist wesentlich das Unabgeschlossene, das eigentlich Ziellose, und damit ein reines sich Weiterentwickeln, das nicht auf ein Telos zustrebt, also keinen Ankunftsort hat, sondern ins Unbestimmte hinausgeht. – Um ein Bild zu verwenden: Die Neuzeit wäre danach einem Reisenden vergleichbar, der – gefragt, wohin es denn gehe – antworten müßte: Zum Horizont... Die ebenso sinnreiche Antwort wäre, es gehe eben weiter.

Und doch ist dieses Bild nicht ganz richtig – und irritiert vielleicht. Denn tatsächlich meinen ja die Menschen zu wissen, wohin es jeweils gehen soll. Eben noch – es sind seither nur sechzig Jahre vergangen – waren sie unterwegs zur Stärkung und Abhärtung und eingeübten Kälte des germanischen Charakters mit flankierender Reinerhaltung von Volk und Rasse; dann haben sie die Ruinen aufgeräumt und geschafft und gespart und Häusle gebaut; dann haben sie „die Gesellschaft" entdeckt und in Gedanken das Reich „Utopia" besiedelt – die entsprechenden Stimmungen verfärbten sich rot-revolutionär. Wenig später wurde es schon wieder dunkel auf der spätmarxistisch ausgeleuchteten Szene, und mit einem Male war es nicht mehr die entfremdete und darum die entfremdende Gesellschaft, in der die arbeitenden Menschen unterdrückt und ausgebeutet werden, sondern als das neue Opfer ging den Engagierten die Natur auf, die es jetzt zu retten gelte – ergo: Umweltschutz formiert die Köpfe, legitimiert Erwartungen und regelt neue normative Selbstverständlichkeiten ein.

Und so, könnte man sagen, wissen die Menschen doch immer, worum es geht, jeweils jedenfalls. Derzeit – wenn auch die Klimax der Erregung mittlerweile überschritten scheint – etwa um Ausgleichs- oder Sonderrechte der Frauen; demnächst vielleicht verstärkt um den Exorzismus schlimmer Laster: Rauchen als Sünde, Fleischverzehr als Frevel; um die Ausrottung bedenklich unkorrekter Redeweisen, die als Vergehen an der Menschheit angeprangert werden müssen; und es wird nicht lange dauern, dann fällt den Ausrufern des jeweils gültig Geltenden wieder anderes und Neues ein, das als Forderung des Tages den Menschen anerzogen werden muß...

Wozu nun diese Kurzgeschichte der ausgetauschten Glaubenssubstitute und mobilisierenden Erregungsmotive, die – jeweils zu ihrer Zeit – immerhin als „Orientierungen" dienten?

Die Skizze sollte verständlich machen, was für das Verständnis der Neuzeit und ihr Ausgeliefertsein an die Zeit entscheidend ist: für ihre niemandem verborgene Unruhe, Wechselhaftigkeit und Unübersichtlichkeit, die nicht nur als beschleunigte Veränderung der Umstände, der technischen Standards und gesellschaftlichen Einrichtungen imponiert, sondern ebenso als beschleunigte Veränderung der Einstellungen, Hoffnungen, Angriffe, Feinde, Optionen und glaubensäquivalenten Gewißheiten beschrieben werden muß – als Veränderung der Weltanschauung kurz gesagt, also des Denkens und Empfindens, das die Menschen ergreift, ihre Köpfe formiert, ihre Herzen empfindsam macht, ihre Gewissen aufscheucht, sie solidarisiert und zu Gemeinschaften verschweißt und – wenn es darauf ankommt – womöglich auch in Marsch setzt... Entscheidend zum Verständnis dieser hochkomplexen Aufeinanderfolge motivierender Programme ist, daß sich alle als nicht dauerhaft erwiesen, daß ihnen ihre frische Spannkraft bald abhanden kam, daß ihre Feurigkeit sehr schnell erlosch – es glimmt noch eine Weile, dann ist Asche –, der Kredit an Glauben, den man ihnen schenkte, war stets rasch verbraucht – dann ist wieder Ebbe und die nächste Flut rollt an.

Alle diese Engagements des Geistes aber waren der Versuch, uns den Weg zu weisen, Ziele zu markieren und den Prozeß, in dem wir mitgerissen werden, gewissermaßen festzustellen, indem man ihn beim Namen nennt.

Doch was passiert? Sie alle verfallen selber dem Prozeß, den sie bestimmen wollen, verschwinden ihrerseits in der Bewegung, neue tauchen auf und gehen unter, ziehen eben ihre Leuchtspur und im Moment danach verpuffen sie auch schon. Sie alle behaupten sich nur eine kurze Weile und sind ohne Dauer und Bestand: Was eben auftritt, versinkt im nächsten Augenblick und verliert seine Geltung. Was zu erklären beansprucht, dies oder das sei „an der Zeit", was *in* der Zeit *über* die Zeit zu unterrichten sucht, versinkt in dem Prozeß, den es zu bestimmen vorgab. Das Denken, das weniges so sehr liebt, wie das Erraten dessen, was Sache der Zeit sei, beschreibt nicht den Verlauf der Dinge, es exekutiert ihn. Indem es das Treiben analysiert, treibt es voran. Es kommt der Zeit nicht auf die Spur, es ist ihr Agent. Mit nochmals andern Worten: Das neuzeitliche Denken unterrichtet nicht über die Herrschaft der Zeit, es ist vielmehr der Vollstrecker ihrer Tyrannis.

Die Frage, die sich anschließt, lautet: wie ist dies möglich? Meine Antwort:

Das Denken ist in der Moderne der Zeit verfallen, indem es der Gegenwart ein auszeichnendes Vorrecht vor aller Vergangenheit einräumt, indem es das Jetzt gegenüber dem Früher privilegiert – und: Es verfällt darauf, weil ihm der metaphysische Sinn für das Geltungsvorrecht des Immer, des Zeitlos-Ewigen verlorenging. – Das will ich erläutern.

Was vormodern als richtig und angemessen galt, war entweder gültig, weil es als ewige, zeitlose Geltung anerkannt war – das war die starke, metaphysische Lösung, die ich im Moment beiseite lasse – oder aber – dies die vergleichsweise irdische, alltagspraktisch allerdings hochwirksame Auflösung des Problems – für gültig galt, was „schon lange" in Geltung war, was also aufgrund seiner Dauer und Beständigkeit Respekt genoß. Das war übrigens eine Lösung des Verbindlichkeitsproblems, die man weise nennen darf – denn was gilt, weil es alt ist, kann nicht veralten. Veralten konnte einzig das Prinzip, Geltungen mit langer Geltungsdauer zu begründen – was, nebenbei bemerkt, auch hieß: auf bestandene Bewährung und lange währende Erprobung.

Diese beiden vormodernen Lösungen, zeitbezüglich vorgestellt, hießen also: Es galt entweder, was der Zeit enthoben, ihrem Regiment nicht unterworfen war, oder aber: was ihr lange und erfolgreich widerstanden hatte, was sie bisher zumindest nicht vernichten konnte.

Diese Lösungen hat die moderne Welt verworfen, indem sie mit dem Anciennitäts-Prinzip selbst brach, also mit dem Grundsatz, der dem Ewigen beziehungsweise Alten ein Beachtungs- und ein Geltungs-Vorrecht vor dem Neuen eingeräumt hat. Denn die Zeit errichtet ihr Regime, indem sie allem Neuen, eben Aufgetauchten, sogar Unerprobten das Geltungsvorrecht einräumt. – So triumphiert im Namen der Zeit die Gegenwart über das Vergangene.

Allerdings ist die Zeit eine ironische Göttin: Sie richtet nur auf, um zu stürzen. Denn was sich eben als das Gegenwärtige behauptet, verschwindet schon im nächsten Augenblick im Orkus... Die Menschen aber, scheint es, haben es noch nicht begriffen. Wer den Gesprächen unter Zeitgenossen zuhört, weiß das: Das Schema „heute so, früher so" ist verbreitet nach wie vor das Schibboleth, um Gültiges von Ungültigem und Anerkanntes von Verworfenem zu unterscheiden. Entsprechend heißt es dann von dem, was außer Geltung ist, nicht etwa, daß es schlecht sei oder falsch, sondern: es sei „überholt", „veraltet", „längst erledigt" und „vergangen" – im Jargon: es sei von „vorgestern", „out", „mega out".

Doch es wäre leichtfertig, solches Denken modisch bloß als modisch zu belächeln oder als den Zeitgeist abzutun. Unter diesen netten Etiketten bliebe nämlich das verborgen, was als Befund verdient, ernst und gründlich reflektiert zu werden. Denn daß man modisch zeitbeflissen denkt und urteilt, ist nur das Symptom, die Außenseite eines Dramas, das sich im Tieferen und Inneren ereignet – ist bloß die Larve der Tragödie. Was sich allerdings in jenen Tiefen-Schichten abspielt, läßt sich bildlich als die Grund- und Bodenlosigkeit der gegenwärtigen Moderne schildern – oder: wer der Zeit verfällt, verliert den Boden unter seinen Füßen. Inwiefern?

Daß die Zeit herrscht heißt: Es ist die Zeit, die Vorbehalte geltend macht, in Frage stellt, Gültigkeiten eben stützt, dann stürzt. Das ist die eine Seite.

Herrschaft der Zeit heißt aber auch: Wir haben jeden festen Grund und Boden eingebüßt, von dem aus umgekehrt Fragen an die Zeit zu stellen wären, Fragen, die die Zeit, als das eigentlich Relativierende, ihrerseits relativierten. Mit andern Worten: Das Regiment der Zeit hat uns den Zugang zu allem Vor-Vorbehaltlichen, Definitiven, Ein-für-alle-Male-Gültigen versperrt – mit alter europäischer Begrifflichkeit könnte ich auch sagen: zu allem Wahren, Unbedingten, Absoluten.

Nehmen wir uns, zur Erläuterung, ein Beispiel vor. Vom „Wesen des Menschen" war die Rede. Um eine weniger unverfängliche Variante zu wählen, die darum ärgerlicher und unterhaltsamer ist: Worauf hätte gefaßt zu sein, wer sich im Ton unüberhörbaren Ernstes zum „Wesen der Frau" zu äußern wagte? Ich lasse es bei der Erkundigung, um sogleich die Frage nachzuschieben: Was wäre denn das Empörende, hätte im Blick auf dieses alte Interesse – man wüßte gern, woran man ist... – jemand die Stirn zu behaupten, er habe hier etwas enträtselt oder Klarheit gewonnen? Hieße das nicht, immer schon Gewesenes und darum Gültiges wenn nicht

Verbindliches herbeiverfügen zu wollen? Wäre damit nicht, um die schlimmste Folgerung nicht unerwähnt zu lassen, eine „Bestimmung" anerkannt? Sollen womöglich Folgerungen daraus abgeleitet werden? – Wer sich so etwas erlaubte, hätte sich auf gefährliches Terrain begeben, und täte er es öffentlich, wüßte man ihn rasch zur Besinnung zu bringen.

Jetzt die Variante, die kein Ärgernis erregt, sondern offenbar problemlos akzeptiert wird: Eine Frauenzeitschrift – es geschah vor einigen Jahren – ließ eine Reihe großformatiger Plakate kleben, die jeweils einen hoch bekennerhaften Satz dogmatischen Gehalts verkündeten, etwa der Art: „Die Frau von heute tut dies…", „Die Frau von heute tut das…", „… läßt sich dies nicht mehr gefallen…", „… hat auf jenes ein Recht" usw. Das geht, da gibt es keinen Widerspruch. Doch warum nicht?

Antwort: Es waren Dogmen, die mit Verfallsdatum ausgegeben wurden. Statthaft waren sie, da sie den Zusatz enthielten: „von heute". Das aber heißt: Es sind Geltungen und Orientierungen, deren alsbaldige Nichtgeltung und Ungültigkeit – wenn auch unbedacht – gleich mit verkündet wird. Es gilt – aber nur jetzt und heute. Morgen ist es aus damit. Das heißt zuletzt: Es gilt, aber nicht im Grunde. Das ist allen Ansprüchen, die von der Zeit lanciert werden, gemeinsam: Sie stehen auf keinem Fundament, buchstäblich sind sie grundlos. Die zur Herrschaft gelangte Zeit duldet nichts, was auf festem, unwankendem Boden stünde, schlimmer: ruhte – es widerstünde ihrer Herrschaft, wäre unbotmäßig, ein Affront. Darum mag man auch die „Fundamentalisten" nicht, die vor allem nicht: sie sind die letzten Feinde. Es gibt kein Fundament, keiner behaupte, er kenne oder anerkenne eines. Diese älteste Idee des Fundaments, Grund aller Ruhe und selbstgewisser Zeitentronnenheit, hat keinen Platz in der modernen Welt. Was sie „im Innersten zusammenhält" ist kein Bestand, kein Ruhepunkt und keine Angel, in der sie hinge, worin sie ihren Halt, Stabilität und ihre Mitte hätte, es ist kein Kern, keine Substanz, kein Grund, kein Fundament, auf dem sie ruhte –, sondern ihr Innerstes ist zu beschreiben als ein Antrieb, als ein Drang, ein Brodeln, ein Erwarten und Begehren, ein Motor, als eine Treibkraft, die alles in Bewegung setzt, in Bewegungen und Abläufe verwandelt, zum Prozeß verflüssigt, „dynamisiert". Das hat das Gesicht der Welt gründlich umgeprägt: Veränderung in Permanenz ist ihr Gesetz, Ruhelosigkeit ihr Stigma. Was überhaupt ist, ist im Gang, und was im Gang ist, wird beschleunigt. Die Welt rast, Schnelligkeit wird zum Gebot, Geschwindigkeit zum Schicksal. Wer langsam ist, gerät unter die Räder.

Schneller laufen

„Jetzt! Jetzt!" kreischte die Königin. „Schneller! Schneller!" Und sie eilten so schnell dahin, daß sie schließlich durch die Luft zu fliegen schienen und kaum noch den Boden mit den Füßen berührten, bis sie plötzlich, als Alice schon völlig erschöpft war, anhielten, und da saß nun Alice atemlos und schwindelig auf der Erde. […] Ganz verwundert blickte sich Alice um. „Ach je, sind wir etwa die ganze Zeit unter diesem Baum geblieben? Es hat sich ja nichts verändert!" „Natürlich nicht", bestätigte die Königin […] „Also, *hier* mußt du jedenfalls so schnell laufen, wie du kannst, um am selben Ort zu bleiben."

Lewis Carroll: „Alice im Spiegelland"

Zwei Manager stehen in der Savanne plötzlich einem Löwen gegenüber. Sie haben einen Wunsch frei, um sich aus dieser mißlichen Lage zu befreien. Einer der beiden sagt daraufhin wie aus der Pistole geschossen: „Ich wünsche mir ein Paar Turnschuhe!" „Aber auch mit Turnschuhen", sagt die gute Fee, „sind Sie nicht schneller als der Löwe!" „Nein", antwortet der Geschäftsmann, „aber schneller als mein Kollege."

Akio Morita, früherer Präsident von Sony

Langsamkeit und Stille

Wenn alles in Bewegung ist, so ist nichts wahr und mithin alles falsch.

Aristoteles

Wo die Moderne das Terrain besetzte, sind beide, Langsamkeit und Stille, ausgetrieben. Nur noch an den Rändern, in letzten, allenfalls geduldeten Exilen, sind sie aufzufinden.

Wer erleben wollte, was Langsamkeit und Stille ist – es sind Weisen, in der Welt zu sein, Verfassungen des Lebens –, hätte sich wohl in die Abgeschiedenheit und Obhut eines Ordens zu begeben: Stille galt seit jeher als Introitus zur Geistlichkeit. An der Redewendung von der stillen Trauer haftet noch ein Rest davon: Wo der Tod hereintrat, ist das Leben über sich hinaus. Und nur dem Stillen ist gegeben, sich zu sammeln; nur der Stillgewordene kehrt aus der Zerstreuung heim. Doch heim wohin? Einst kehrten sie sich himmelwärts – der Heutige, wenn überhaupt, geht „in sich". Aber „in sich" findet er nichts, was ihn halten könnte – und das wirft ihn in die Welt zurück, die ihn wieder aufdreht. Dazu serviert sie ihm den Lärm, der ablenkt.

Wer von Langsamkeit und Stille handeln wollte, müßte selber still geworden sein – aber Stille ist nicht machbar: sie kehrt ein. Wie die Ruhe, zu der sich niemand zwingen kann, die man vielmehr findet. So müßte man dem Wirbel und dem Lärm bereits entronnen sein, um auch nur einen ruhigen Gedanken auszudenken: Stille, so wie Langsamkeit, erschließt sich einzig einem Denken, das ruhig geht und keine Sprünge macht. Doch das Denken heute hechelt, flattert irgendwo im Wind, wirkt angespannt, wie auf dem Sprung. Der lange Atem fehlt.

„Alles gackert, aber wer will noch still auf dem Neste sitzen und Eier brüten?"

Nietzsche, Also sprach Zarathustra

Leichter wäre es zunächst, vom Lärm zu reden, vom Getöse beispielsweise, das man selbst mit Worten macht: vom Gehämmere der Statements, vom Rattern des Geredes, vom Gebrabbele des Infotainments; von der Endlosmusik, die als Background der Betriebsamkeit den Puls der Rhythmen liefert: den Sekundentakt des Lebens, während ehemals – *memento mori* – die Kirchturmuhr die „vollen" Stunden anschlug.

Leicht zu reden wäre von der Zeit, die alles mit sich fortreißt und beschleunigt aufdreht; von den Wirbelmenschen, die im Getümmel mitgerissen werden: unterworfen unbekannter, darum unheimlicher Order, nach und nach verrückter und verdrehter, verrenkt und überdreht und schließlich schrill... – bis sie zusammenklappen: abgespannt, geschafft, erschöpft, kaputt, „am Ende", wie sie sagen –, doch dann rappeln sie sich wieder auf und torkeln in den Trott zurück. Wenn es einmal stockt, ist es der Andrang, der sie aufhält: der Stau, die Warteschlange und der Engpaß. Zuletzt die Enge, die den Lebensweg als Sackgasse verhöhnt: Infarkt.

Vielleicht gibt sich die Gegenwart durch nichts so gründlich zu erkennen wie durch die beschleunigte Bewegung, von der alles mitgerissen wird: ohne Fernziel weiter; was sich in den Weg stellt, wird umgangen, übersprungen oder abgeräumt: ein furioses Abservieren und Verschwindenmachen. Ihr Stolz ist die Veralterungs-Dynamik. Was eben neu ist, ist im nächsten Augenblick von gestern.

Kaum einer, der schon verstünde, was da im Gange ist. Vielleicht können wir noch nicht verstehen, was uns im Griff hat. Womöglich ist die Zeit noch nicht erfüllt: Sie müßte schon in ihrem Scheitel stehen, an ihrem Ende angekommen sein – denn dann erst öffnet sich der Blick zurück, und wir sehen, was uns in den Bann schlug, unser Denken prägte, unsere sogenannten Selbstverständlichkeiten formte, unser Urteil bildete, unseren Gesinnungen die Richtung vorschrieb, uns – kurz gesagt – zu denen machte, die wir heute sind. Die wir noch sind... Womöglich gilt: Alles – auch die Zeit – hat seine Zeit?

Das Gesetz der Welt, in der wir leben, hatte ich gesagt, sei die Veränderung in Permanenz, Ruhelosigkeit ihr Stigma. *Ex negativo* wird deutlich, daß Langsamkeit und Stille verschwistert sind: Wir kennen nur ein Wort, das das eine wie das andere vertreten könnte: Ruhe. So wie die langsame die ruhige Bewegung ist, ist Ruhe Synonym der Stille. Die moderne Welt ist ruhelos. Also rast und lärmt sie.

Was nötigte uns, schnell zu werden – oder: warum ist Geschwindigkeit das Schicksal der Moderne? Und was vertrieb uns die Stille, so daß der Lärm das andere Schicksal der Moderne ist?

Momo

Was die Langsamkeit vertrieben hat, sind zwei Verkennungen der Zeit. Die erste wird uns das „Momo-Paradox" erklären. Und die Erklärung wird sein: Jenes Paradox entsteht, wenn wir die „Zeit als Vorrat" (miß-)verstehen. Was aber ist das „Momo-Paradox"?

Michael Ende hat in „Momo" das eigentliche Übel und Verhängnis der Gegenwart geschildert: den Menschen geht die Zeit aus. Die Geruhsamkeit wird diffamiert, der lange, tiefe Atem der Gelassenheit gilt irgendwie als unbrauchbar, das Vermögen zuzuhören schwindet, die Konzentration, sich zu besinnen, ging verloren, die Phantasie läßt ihre Flügel hängen, der Sinn fürs Menschlich-Allzumenschliche stirbt ab und die Geduld bricht weg. Das Leben wird empfindungslos und fahrig.

Das alles stellt sich ein, obgleich – nach Endes Deutung: weil – die Menschen sich entschlossen haben, in jeglicher Beziehung Zeit zu „sparen".

Das Resultat ist: die Proliferation der Dinge, und währenddessen wird die Zeit zum knappen Gut. An allem haben wir genug, wenn nicht bis zum Überdruß zuviel – nur eines fehlt: die Zeit, die Ruhe, Muße, Langsamkeit. Der Langsame – gibt die „Zeit-Spar-Kasse" als Parole aus – ist der Tagedieb: er „stiehlt" die Zeit. Die Zeit – heißt die Devise – ist das teure Gut. Man muß sie nutzen, und zwar ökonomisch: viel tun in wenig Zeit. Mit einem Wort: je schneller, desto besser.

Das ist die Grundidee moderner Rationalität: Was zählt, ist Leistung und nicht Arbeit. Und da gilt, nach physikalischem Gesetz: Leistung ist Arbeit pro Zeiteinheit. Wer bei der Arbeit langsam ist, der leistet wenig, denn er „verbraucht" viel Zeit. Wer sich „Zeit läßt", der „vergeudet" sie.

Michael Ende hat die Welt, die unter das Diktat verknappter Zeit geriet, soweit zunächst vorzüglich abgebildet. – Doch zugleich hat er den Ernst der Sache auch verschleiert. Warum? Weil er sie als Mythos präsentiert:

Die „grauen Herren" von der Zeit-Spar-Kasse – unverkennbar sind die Herren der Verhältnisse gemeint – sind nach der Logik der Verschwörungstheorien – die schon immer einzuspringen hatten, wenn sich ein Problem nicht anders lösen läßt – die bösen Mächte, die die Menschen um ihre Lebenszeit betrügen. Mit fadenscheinigen Versprechungen verführen sie die Ahnungslosen – wie der Teufel ehedem die arme Christenseele fing. Der Mythos kurzgefaßt: Die Zeit ist knapp, weil böse und betrügerische Mächte sie uns „rauben". – Welches Problem sucht Ende auf diese Weise mythologisch auszulegen?

Unsere Welt füllt sich mit Zeitspar-Apparaten: Automaten waschen, spülen, trocknen; statt mit der Kutsche fahren wir mit Hochgeschwindigkeitsmaschinen durch die Welt – sofern wir sie nicht überfliegen –; statt einen Brief zu schreiben, greifen wir zum Telefon; die Waren produzieren wir am Band in Massen und vor allem immer schneller; den vorerst letzten Zeitsprung brachte der Computer: Fortschritt heißt Zeitersparnis.

Doch irgend etwas stimmt da nicht: Ganz offenkundig haben uns die imposanten Resultate technischer Begabung die Zeit gerade nicht vermehrt. Ganz im Gegenteil: Die Zeit wird knapp. Und – das ist zu ergänzen, denn es unterstreicht das Paradox –, und das, obwohl wir Heutigen fast doppelt so alt werden wie die Menschen vor hundertfünfzig Jahren. Das „Momo-Paradox" lautet also:

Je mehr Zeit wir sparen, desto weniger Zeit haben wir.

Die „Zeit-Spar-Kasse" allerdings erklärt uns dieses Paradox nicht, weil es sie nicht gibt. Die „Zeit-Spar-Kasse" ist nur Endes mythologische Erfindung. Und das „Momo-Paradox" wird überhaupt erst deutlich, wenn wir diese mythologische Erklärung streichen. Dann lautet es: Wir sparen Zeit – und: verlieren sie dabei. – Was ist da los?

Die Antwort findet sich, wenn wir verstanden haben, was ich die erste Zeitverkennung nenne. – Was wird verkannt, und wie?

Die erste Zeitverkennung: Zeit als Vorrat

Man denkt die Zeit als etwas, das man habe und das einzuteilen sei; sie wird aufgefaßt als etwas, das der Mensch „verbraucht". Von der Zeit meint man, zwar „habe" man sie irgendwie, wie man ein Gut hat, doch sie werde immer weniger, „verliere" sich, fortgesetzt und unaufhaltsam gehe sie „verloren" – was den Schluß plausibel macht: Wenn wir sie sowieso verlieren, müssen wir sie nutzen, damit sie uns zumindest etwas „einbringt". Also denkt man sich die Zeit wie einen Strom, der eine Zeitlang fließt und dann versiegt.

Dies Verständnis – ein grandioses Mißverständnis – dürfte heute gang und gäbe sein. Und das ist es, was uns zur Schnelligkeit antreibt, die Langsamkeit und Ruhe aber austreibt. Ich zitiere eine Philosophin (Elisabeth Lenk), die in ihren „Fragmenten über Geschwindigkeit, Langsamkeit und über Langeweile" schrieb: „Zur

Langsamkeit braucht man Zeit." Da haben wir den populären Irrtum in schöner Kurzform. Aber die Pointe ist – das Gegenteil ist wahr:

> Langsamkeit verschafft uns Zeit, vergönnt uns Zeit, schenkt uns Zeit – Schnelligkeit hingegen raubt sie uns.

Denn Zeit ist keineswegs ein Etwas, das wir haben, sondern sie ist für uns da, sofern wir sie uns nehmen, sofern wir sie uns lassen. Wer Zeit „braucht", „verbraucht" sie nicht, vielmehr umgekehrt: gewinnt sie erst. Ergo: Wer sich niemals Zeit läßt, hat nie Zeit. Wer es versäumt, sich Zeit zu nehmen, geht leer aus – und am Ende hat er keine Zeit gehabt. Das ist die These.

Und nun, schön langsam und in Ruhe, ein Exempel zur Erläuterung:

Zweifache Reise

Einer will von Bergisch Gladbach aus nach Gummersbach. Er setzt sich in den Zeitspar-Apparat, das Auto, fädelt sich auf der „A 4" in den Verkehrsstrom ein, beschleunigt, überholt ein paar der andern Zeitverkürzer, die in Massen unterwegs sind, und ist nach einer knappen halben Stunde schon am Ziel.

Und da ist ein anderer, ebenfalls in Bergisch Gladbach, der will auch nach Gummersbach. Er packt seinen Rucksack, versieht sich mit dem Nötigsten und geht auf Reise. Es geht hinaus nach Sand und dann hinauf nach Herkenrath. Dort findet er den Wanderweg „11a", der ihn über Ottoherscheid und Wolfssiefen, Unter-, Vois- und Oberkülheim nach Oberbrambach führt, von dort aus weiter nach Kalkofen – ein nebenbei notiert preisgekrönter, liebevoll gepflegter und gehegter Ort –, dann geht's zunächst hinauf fast bis Schmitzhöhe, kurz vor dem Ort jedoch wendet sich der Weg in

Richtung Süden und führt hinab ins Tal zur Lennefermühle. Von dort aus geht es über Wiesenwege, entlang an Weiden und durch einen weiten, lichten Buchenwald zunächst zur Hofschaft Burg, und von dort aus schließlich über einen langgestreckten Höhenrücken nach Hohkeppel, wo unser Wanderer zur Mittagsrast im „Hohkeppeler Hof" einkehrt.

Nach dem Essen geht er hinüber in die Kirche St. Laurentius, die umgeben von alten Linden und hinter hohen Friedshofsmauern die Mitte des Ortes bildet. Er schließt behutsam die schwere Kirchenpforte hinter sich – und wir bleiben draußen, um seine Stille nicht zu stören.

Nach seiner Einkehr in der Kirche besucht er vis-à-vis den vollendet renovierten Hof mit altem Namen: „Weißes Pferdchen" – eins der schönsten, riedgedeckten Fachwerkhäuser im Bergischen Land –, und danach bricht er auf zum weiteren Gang über die Höhe, wieder dem Wanderweg 11a und dem Andreaskreuz folgend, vorüber an Unter- und Oberfrielingshausen, am Weiler Wüstenhof vorüber und durch die Ortschaft Holz hindurch, von wo aus es hinaufgeht zum „Hölzer Kopf", 352 m über dem Meere gelegen, mit prächtigem Blick hinab in das Tal, in dem Loope und Engelskirchen liegen. Eine Bank am Waldrand lädt ihn ein, den Anblick zu genießen. Und dann geht der Weg weiter, einen letzten Abschnitt noch bis Oberschümmerich, wo der Wanderer nun seinen Weg verläßt, denn es ist Abend. So geht er hinüber nach Lindlar, wo er über Nacht im kleinen, örtlichen Hotel ein gutes Zimmer findet, zu Abend ißt und bei einem oder zwei Glas Bier den Tag, den er erlebt hat, noch einmal innerlich Revue passieren läßt. Danach schläft er müde ein.

Am nächsten Morgen bricht er auf, kürzt ein wenig seine Route ab, indem er gleich nach Osten, der Morgensonne entgegenzieht, und trifft bald hinter dem Ort seinen Wanderweg wieder, den er am Abend zuvor verlassen hatte. Nun leitet ihn das Andreaskreuz nach Kuhlbach und Würden und dann hinein nach Berghausen und von dort allmählich hinab nach Wegescheid, wo ihn eine Brücke über den Gelpe-Bach bringt, der wenige hundert Meter weiter nordwärts, bei der Hüttenermühle, in die Leppe mündet. Unser Wanderer aber steigt, nach Süden gewandt, an der Gelpeblick-Hütte vorüber hinauf nach Hülsenbusch, wo er Rast einlegt und zu Mittag ißt. Selbstverständlich hat er sich die Zeit gelassen, die zwei gewaltigen Mammutbäume zu bestaunen, die der Stolz der Ortschaft sind. Nun aber ist es nicht mehr weit bis Gummersbach. Von Hülsenbusch aus steigt der Weg hinauf zum höchsten Punkt auf der gesamten Route, zur „Gummershardt", 436 Meter hoch gelegen. Ein Aussichtsturm lädt zur Besteigung ein, fünf mal zwölf Stufen, und dann eröffnet sich dem Wanderer ein weiter Blick: Vor ihm liegt Gummersbach – davor, in einer flachen Senke, das kleine Gummeroth –, im Norden sieht er Herreshagen liegen, im Süden, am Fuß des Zimmerbergs, die Ortschaft Lützinghausen. Die Landschaft liegt weit und still vor ihm. Nur ab und an hört er einen Vogel auffliegen. Er hört das leise Rauschen der Blätter. In der Ferne krächzt ein Eichelhäher. In der Nähe hört er einen Finken schlagen.

Still ist es nicht, sagt er sich, wo wir nichts hören, still ist es, wo wir hören. Im Lärm hören wir nichts. Und in uns selbst muß es still sein. Das ist das Schwerste.

Mit diesem Gedanken steigt er hinab und wandert jetzt die kurze letzte Strecke noch eine Weile durch den Wald, danach auf einem Feldweg zwischen Wiesen in das Tal nach Gummeroth hinunter und schließlich, am kleinen Tierpark vorüber, nach Gummersbach, wo er abends rechtschaffen müde und erschöpft eintrifft...

Das „Momo-Paradox" und seine Entschlüsselung:

Da sind also zwei nach Gummersbach gereist. Der eine in einer Maschine, der andere zu Fuß. Wer von beiden hat Zeit gewonnen? Wer von beiden hatte Zeit, indem er sie sich ließ, indem er sie sich nahm?

Und wer von beiden hat Zeit verloren, indem er sie einzusparen gedachte, indem er sie sich nicht gönnte? Der „Langsame" oder der „Schnelle"? Die Frage, so gestellt, beantwortet sich selbst. – Nur ein Kommentar ist nötig:

> Die Moderne verwandelt Zeit in Leistungen und Güter, sie spannt die Zeit als „Produktionsfaktor" ein und bringt sie so als „Zeit des Daseins", als Zeit, hier in der Welt zu sein, zum Verschwinden. (Das ist meine zweite These.)

Die Zeit wird verwandt und dabei „verwandelt" – sie mutiert: ihr Strom versiegt in der Flut der Dinge. Was immer wir an Waren und produzierten Dingen finden, ist umgesetzte, verwandelte Zeit. Je mehr pro Zeiteinheit aber umgesetzt wird, desto knapper wird die Zeit, desto umfangreicher zugleich die Quantität der Produkte, in denen sie gerann. Das ist meine dritte These.

Was ist nun mit unseren zwei Reisenden von Bergisch Gladbach nach Gummersbach? Selbstverständlich wird der erste „in den zwei Tagen" mehr tun, mehr unternehmen, etwa Verträge schließen, Aufträge erfüllen und damit Geld verdienen können als unser Wanderer. Nur eines wird er nicht bei all seinem Treiben und Getriebensein gewonnen haben: Zeit nämlich. Er mag viel gewonnen haben – Zeit hat er verloren.

Der Langsame hingegen, der mit der langen Dauer Schritt ging – und Langsamkeit heißt eigentlich: „gleichsam lange dauern" –, der hat die Chance ausgeschlagen, sich währenddessen Dinge zu erwirtschaften, Geschäfte abzuschließen, Geld zu machen – doch: er hat Zeit gewonnen, Lebenszeit, Daseinszeit. Und je nachdem: kostbare Zeit. Kostbare allerdings nur, sofern ihm das Geschmacksorgan noch nicht verkümmert ist, mit dem wir schmecken, daß wir da sind, daß wir hier sind, daß wir in der Welt zu Gast sein dürfen, daß wir leben – sofern wir dafür zu danken wissen.

Soweit meine erste Antwort auf die Frage, was uns die Zeit austilgt.

Die zweite Zeitverkennung: „Zeitumkehr"

Die zweite, weitergehende Frage sucht nach dem Grund jener ersten Antwort oder nach deren Voraussetzung: Was ist es, das jene Zeitverkennung nahelegt, diese Verwechslung der Zeit mit einem Vorrat, mit einem „Haben", von dem Gebrauch zu machen sei? Es ist eine zweite Zeitverkennung, der ich gleichfalls im voraus einen Namen geben möchte. Ich nenne sie die „Zeitumkehr". – Was ist gemeint?

Zunächst einmal, wie im Falle zuvor, ein modernitäts-spezifisches Symptom, eine Bewußtseins-Verfassung, die sich erst beim neuzeitlichen Menschen ausgeprägt hat.

Nehmen wir ihn selbst beim Wort: Was glaubt der moderne Mensch – zeitbezüglich –, worin er sich von allen vormodernen Menschen unterscheide? Auf diese Frage gibt es wohl nur eine Antwort: Er glaubt, er gehe „mit der Zeit".

Und wiederum muß ich ergänzen: Auch diese Selbstkennzeichnung ist keine „unter anderen", vielmehr spricht sie eigentlich das einzige und letzte, unnachläßliche Gebot aus, dessen Gültigkeit die Menschen ängstlich anerkennen. Es lautet: Alles komme darauf an, „mit der Zeit zu gehen", „auf der Höhe der Zeit zu sein", der „Forderung der Stunde zu entsprechen", auf keinen Fall zurückzubleiben – denn, das ergänzt diesen Imperativ der Moderne, ein „Zurück" könne es nicht geben.

Kaum ein Wort ist in diesem Zusammenhang so häufig zitiert worden, wie das Diktum Gorbatschows: „Wer zu spät kommt, den bestraft das Leben." Und es ist wirklich das Zitat, das die letzte, unbezweifelte Gewißheit der Moderne ausspricht. Gorbatschow hat ausgesprochen, was wir das Motto der Moderne nennen können. – „Wer zu spät kommt..." – unverhohlen droht die Formel allen Langsamen und Zögerlichen, und die Strafe wird nicht lange auf sich warten lassen. Es mahnt zur Eile, fordert auf, nicht den Anschluß zu verpassen, nicht zurückzubleiben, nicht zu verweilen.

Das unerbittliche und schreckliche Gesetz, das es verkündet, heißt: Wer nicht schnell genug ist, geht unter.

Das Selbstverständnis des modernen Menschen also ist, er „gehe mit der Zeit" – oder wie wir besser sagen sollten: Er ist genötigt, mit der Zeit zu gehen, ihm bleibt keine Wahl, er muß, bei Strafe seines Untergangs.

Doch weiter: Wohin geht er, wenn er meint, er gehe „mit der Zeit"? Wohin ist unser „Zeitgenosse" unterwegs? Was hat er im Auge, was liegt vor ihm?

Es ist „die Zukunft", sagt er. Mit der Zeit zu gehen heiße, sich der Zukunft zuzuwenden, unterwegs zu sein in Richtung Zukunft. Also glaubt er auch, es sei die Zukunft, die er vor sich habe, die gewissermaßen vor ihm liege, und entsprechend sei es die Vergangenheit, die hinter ihm – in seinem Rücken gleichsam – liege, die er also – selbst der Zukunft zugewandt – hinter sich gelassen, hinter sich zurückgelassen habe.

Fällt ihm dabei irgend etwas Sonderbares, Merkwürdiges, Eigenartiges, womöglich Unheimliches auf? – „Wieso denn? Nein." – Und doch ist, was so selbstverständlich scheint, im tiefsten wie im wortwörtlichen Sinn unheimlich, wenn nicht beklemmend.

In Wahrheit nämlich hat sich der moderne Mensch mit diesem Selbstverständnis gegen die Zeit gekehrt, hat er sich gewissermaßen umgedreht und steht ihr nun entgegen, sieht er sie – ohne zu erkennen, was sie „bringt" –, wie sie auf ihn zukommt wie der Strom des Wassers, in dem er sich nicht etwa treiben läßt, sondern dem er sich entgegenstemmt, und dabei ahnt er, was die einzige und grausige Gewißheit ist: Früher oder später werden ihm seine Kräfte versagen, dann ist es aus, er fällt, und die Flut, der er zu trotzen suchte, wird ihn empfangen und ihn mit sich nehmen...

Ergo: Überzeugt, sie gehe „mit der Zeit", befindet sich die Neuzeit gerade umgekehrt im Aufstand gegen sie. In Wahrheit ist sie die Epoche, die beschrieben werden muß als Aufruhr und Empörung wider die sich ewig selbst erneuernde Vergänglichmacherin, die Zeit und ihren Gang. Es ist diese Rebellion, in der die Zeit verlorengeht: Sie entzieht sich uns, weil wir sie bekämpfen, weil wir sie nicht dulden, nicht ertragen. Das Unendliche, das uns zur Endlichkeit herabsetzt, die Zeit, die uns für ewig zur Vergänglichkeit verurteilt – sie empört uns, dagegen rebellieren wir, allerdings vergeblich.

Doch eines nach dem andern. Und zunächst einmal: Was ist die Zeit? – Was ist sie jedenfalls für uns, für unser Dasein, unser Leben?

Ist die Zeit nicht die Bewegung, die, aus der Zukunft kommend, an uns vorübereilt in die Vergangenheit? – Ich zitiere den berühmten „Spruch des Konfuzius" von Schiller:

„Dreifach ist der Schritt der Zeit:
Zögernd kommt die Zukunft hergezogen,
Pfeilschnell ist das Jetzt entflogen,
Ewig still steht die Vergangenheit."

Dieses kluge Wort stimmt zu den Sprichwörtern des Volks, in denen sich die alte Selbstverständlichkeit, die galt und anerkannt war, im selben Sinne unzweideutig ausgesprochen hatte:

„Die Zeit entfleucht und kehrt niemals zurück"
heißt es etwa, oder:
„Die Zeit fleusst weg wie Wasser."

Und noch heute sagt man richtig, daß die „Zeit verrinnt".

Jetzt ist allerdings die Frage: Wohin verrinnt sie denn? Wohin, in welche Richtung weist die Zeit? Doch nicht etwa in die Zukunft? Liegt im Richtungssinn der Zeit nicht vielmehr alles das vor uns, was uns vorausgegangen ist? Und was ist uns vorausgegangen und wohin? Ist es nicht die Fülle dessen, was sich im Reiche der Vergangenheit versammelt hat?

So aber – für den modernen Mensch mittlerweile schwer zu fassen – ist es wirklich: Wer mit der Zeit schaut, hat seine Vorfahren vor Augen, denn wo sie schon sind, die uns vorausgegangen sind, dorthin werden wir den uns Vorangestorbenen zu folgen haben, weshalb wir auch mit sprachlicher Korrektheit „Nachfahren" heißen und „Nachkommen" sind.

Und ebenso sind wir – um einen weiteren klugen Wink der Sprache nicht unbeachtet zu lassen – im Verhältnis zu unseren Toten die Hinterbliebenen, die Zurückgebliebenen, jene hingegen die uns Vorausgegangenen. – Was aber glaubt der moderne Mensch? Er meint, die Toten seien es, die er als Überlebender hinter sich gelassen habe.

Dem Zeitgenossen allerdings ist der Kopf mit außerordentlicher Wirksamkeit verdreht, darum kann er gar nicht fassen, was da geschehen ist: daß wir tatsächlich nicht die Zukunft, daß wir die Vergangenheit vor Augen haben, daß es sogar einzig das Vergangene, Gewesene, das darum Wirkliche und eigentlich Verbürgte ist, von dem wir wissen, das wir kennen können – das klingt dem Zeitgenossen schrecklich in den Ohren, das muß ein Irrtum sein, sagt er sich. Dennoch ist es so. Ein Beispiel aus dem Reich der Kunst:

Wen hatte Mozart vor sich, woran hat er sich orientiert? An Haydn und später an Bach. Und Beethoven? Hatte der etwa Bruckner „vor sich" oder Mahler? Selbstverständlich nicht! Sondern? Bach und Mozart. Bruckner und Mahler hingegen folgten Beethoven nach, komponierten im Blick auf ihn. Im Blick auf ihre „Vorgänger", in würdigender, anerkennender, belehrter Auseinandersetzung mit den Früheren, fanden sie sich selbst, zu sich. So – in diese Richtung sehen – heißt: mit der Zeit zu sehen und sich im Richtungssinn der Zeit zu orientieren. Denn die Zeit weist uns voraus in die Vergangenheit – dorthin, wohin uns unser Leben bringen wird, und wo aller Reichtum sich versammelt hat, von dem wir Menschen als menschliche Menschen leben: dorthin, wo Homer ist, Sokrates und Sophokles, wo Platon auf uns wartet, Augustinus und Cusanus, Hegel, Nietzsche, Shakespeare, Goethe, wo wir Rousseau und Pestalozzi finden, wo wir die Werke Goyas sehen, Dürers, Friedrichs, Tintorettos, Signorellis, die Werke Ernsts, Picassos, Dalis schwarze Kuriositäten usw. usf. – Das alles ist die Wirklichkeit, die wir vor Augen haben, die wir sehen: Was als „Zukunft" kommt, das wissen und sehen wir nicht.

Doch der moderne Mensch, der „Zeitgenosse" – was glaubt der? Er meint, das alles habe er schon „hinter sich", einfach, weil er Zeitgenosse ist, das gehe ihn im Grunde alles nichts mehr an, das sei vorbei, vergangen, tot, erledigt – jedenfalls für ihn, den Zeitgenossen, nicht mehr gültig. Nicht die Vergangenheit setzt ihm den Maßstab, wie er glaubt, sondern das Kommende, die Zukunft. Aber er versteht nicht, was er tut. Die Füße jener, die bald kommen werden, ihn hinauszutragen, stehen schon vor seiner Tür... Sähe er tatsächlich in die Zukunft, sähe er: den Tod.

Und tatsächlich ist es so, ohne daß wir es bemerkt und schon verstanden hätten: Indem wir uns gegen die Zeit gekehrt haben, wird sie uns zum Schicksal, das uns die Langsamkeit verbietet, uns zermürbt, erschöpft, uns aussaugt, leer macht, ruiniert: Wir sind Tote auf Abruf. Denn:

Wer im Blick auf seine Zukunft lebt, lebt angesichts dessen, was schwindet.

Indem unser Blick ins Leere starrt – denn was uns die Zukunft verbirgt, sehen wir nicht, sie ist das uns wesentlich Verborgene, das Vorenthaltene, das Unvorhersehbare –, wissen wir nur eines, was sicher ist: Das Leben, das wir noch vor uns haben, schwindet. Mit jedem Tag, den wir verleben, werden wir um einen Tag des Lebens ärmer. Wir erleben uns als das abnehmende, schwindende Wesen, das zusammenschrumpft, dem Leichtuch entgegen.

Gelänge es uns aber, uns der epidemischen Zeitverdrehung zu entwinden, schauten wir voraus auf das gelebte Leben, auf das, was in der Tat ja unser Leben ist, würden wir mit jedem Tag – den Gott uns schenkt – um einen Tag reicher. Wir wären uns selbst im selben Moment das zunehmende Wesen – und dürften uns entdecken als das Wesen, das langsam zunahm, Jahr für Jahr, Tag für Tag.

Und mehr noch. Wir begriffen: Je länger uns zu leben gestattet war, desto mehr dürfen wir uns Langsamkeit erlauben. Denn haben wir nicht das meiste schon gelebt? Was steht denn dann noch auf dem Spiel? Das Leben hat an Masse, an Ertrag, an Fülle soviel zugenommen, daß es uns absurd erschiene, von jedem Wind, der aufkommt, uns aus der Bahn werfen zu lassen, und lächerlich kämen wir uns vor, wenn wir springen sollten, wie uns die neueste Parole vorgepfiffen wird. Mit der Willfährigkeit, die wir dann an unsern Zeitgenossen amüsiert studieren dürften, mit der Bereitschaft, sich jeder Tages-Tyrannei zu unterwerfen, wäre es für uns vorbei – denn: wir hätten Zeit. Je älter wir werden, je mehr Zeit haben wir, denn desto mehr Zeit wurde uns geschenkt. Das wüßten wir, und dafür wären wir dankbar.

Wir kämen zur Ruhe – in uns.

Stille

Wir Philosophen brauchen zuallererst vor einem Ruhe: vor allem ‚Heute'. Wir verehren das Stille, das Kalte, das Vornehme, das Ferne, das Vergangne, jegliches überhaupt, bei dessen Aspekt die Seele sich nicht zu verteidigen und zuzuschnüren hat – etwas, mit dem man reden kann, ohne laut zu reden. [...] Ein Geist aber, der seiner selbst gewiß ist, redet leise; er sucht die Verborgenheit, er läßt auf sich warten. Man erkennt einen Philosophen daran...

Friedrich Nietzsche

Wo die Moderne das Terrain besetzte, sind – wie schon im vorigen Kapitel gesagt – beide, Langsamkeit und Stille, ausgetrieben. Ruhe – mit dem Bild der Stoiker: „die Meeresstille des Gemüts" – kam abhanden, Seelenruhe als das höchste Ziel, als entwickeltes Humanum, als Metapher der Vollkommenheit, als Signum des besonnenen und weisen Lebens, ist in Vergessenheit geraten, wenn sie nicht verachtet wird. Hingegen steht der ruhelose Menschen als Vorbild da: der Arbeitsmensch, tüchtig, fleißig, strebsam, angepaßt, beweglich. Sein kleiner, zur Sozialverträglichkeit herabgestutzter Ehrgeiz stachelt ihn an, hält seine Wünsche wach und zugleich im Rahmen der Bedienbarkeit; regt sein Begehren auf; treibt ihn zur Arbeit; macht seine Neugier, Interessiertheit, Findigkeit mobil; bringt ihn voran, drängt vorwärts, hält ihn überhaupt in Trab, bis es mit ihm aus ist. Man lebt, und schließlich, wenn es gut geht, bringt das Leben Knall auf Fall zur Strecke.

Der Philosoph Ernst Bloch hat dem Bürgertum ins kalte Herz gesehen, wenn er schrieb, die neue Zeit sei der Gelassenheit nicht günstig, die Ruhe stimme nicht zum Geldgeschäft der Wirtschaftsmenschen, das höchste bürgerliche Gut, das Kapital, dulde keine Ruhe, enthalte sie auch nicht. Ruhe als Ideal veralte, und die Dynamik des Betriebs wisse für die Weisheit keinen Auftrag, statt dessen avanciere ein enthemmtes, unendliches Streben zur obersten Maxime – das Gegenstück zur einstmals angesehenen Gelassenheit. Faust, so Bloch, sei der Prototyp des neuzeitlichen Menschen: Stehe stoische Gelassenheit und Ruhe bildlich da als „Fels", flute Faust als „Woge", ja sein Himmel selbst sei „ohne Ruhezentrum". Kurz: Das Bürgertum, zumal der ökonomisch angekurbelte Betrieb, zu dem das Ganze wurde, gestattet keine Stille, fürchtet sie vielmehr, verfolgt, vertreibt und übertönt sie, macht sie den Leuten unerträglich. Den Rest besorgt, wenn Feierabend ist, die dumm-frivole Oberflächlichkeit, womit der Unterhaltungsmarkt beliefert.

Als Frage: Sollte es nicht längst als unfein gelten, den fabrizierten Lärm und Rummel, den sie als lustig-schöne Welt vermarkten, mit bösem Blick zu kritisieren? Die intellektuelle Mäkelei hat stumpfe Zähne. Der Ruhe dienlicher ist, einfach abzuschalten.

Darum hier, statt fortgesetzter Kritik, einige Versuche, über Stille nachzudenken. Daß sie uns verloren ging und was mit ihr verloren ging, ist wert, erzählt zu werden.

Ein Befund macht stutzig: In den einschlägigen Wörterbüchern überwiegen zur Erläuterung der Stille Negationen – Stille als von keinem Lärm gestörter Zustand –, daneben werden Bilder einer abgeschiedenen Idylle evoziert – „friedliche, ländliche, sonntägliche Stille" –, schließlich teils bedrückende, teils bedrohliche Verhältnisse: „eine lähmende, furchtbare, beklemmende Stille trat ein, erfüllte den Raum, breitete sich aus; es [...] herrschte eine peinliche [...] Stille; die Stille lastete auf ihm" (Duden, Das große Wörterbuch der deutschen Sprache in sechs Bänden).

Legt das nicht den Eindruck nahe, mit Stille sei – von nostalgischen Reminiszenzen einmal abgesehen – nicht viel anzufangen, eher werde sie gefürchtet? Es sei denn, ein Rechtsanspruch wird angemeldet: als Forderung auf Unterlassung belästigenden Lärms. Die Behörden haben mittlerweile Auflagen für Musikanten in den Straßen der Stadt erlassen: Man schützt die Ansprüche von Menschen, die selbst keine Ruhe kennen und denen Stille fremd geworden ist – die Ruhe suchen, weil sie in sich selber nicht zur Ruhe kommen und für sich selbst nicht still zu werden wissen.

Der Eintrag in dem Wörterbuch entspricht dem: Was fehlt ist ein Begriff der Stille, der verständlich machte, daß sie einmal etwas anderes war als Absenz von Krach und Lärm, ein Begriff, der zu verstehen gab: Stille sei nicht machbar, Stille kehre ein. Wie die Ruhe, zu der sich niemand zwingen könne, die man vielmehr finde – und zwar nicht hier, nicht dort, sondern einzig in sich selbst.

Ein anderer Befund, den zu erklären allerdings nicht schwer fällt: Im „Deutschen Wörterbuch" der Brüder Grimm (32 Bände, erschienen 1854 bis 1954) sind den Begriffen „still" und „Stille" 66 Spalten (Lexikonformat) gewidmet. Was fehlt – der Band erschien im Jahre 1941 (!) – ist die Bedeutung „still = friedlich". Der verbürgte, tausendfältig zu belegende Gehalt des Wortes „Stille", nämlich *Friede,* wird mit fast schon komischer Entschlossenheit vermieden. Die Erläuterungen, die das Wörterbuch zur Vorstellung des *stillen* Wassers gibt, verraten es. Es wird auf die zwei Namen des großen Meeres hingewiesen, des „stillen" oder „pacifischen Ozeans", und dann erläutert, den Namen habe das Meer von Magelhan [eigentlich: Fernão de Magallanes] seiner „windstille wegen" beigelegt erhalten. Stille wird hier also einzig als Verfassung stiller oder geringer Bewegung vorgestellt. Der englische Begriff *pacific* allerdings, der als Adjektiv gewöhnlich *people* and *nations* beigelegt wird und mit „friedliebend, friedfertig, friedlich" übersetzt wird – so wie *to live pacifically* als „in Frieden leben" und *pacification* als „Versöhnung" –, hat den aus dem Lateinischen entlehnten Sinn zweifelsfrei bewahrt: *pacific* kommt von pax: Friede, Ruhe, Beistand und Gnade der Götter, und von *pacatus:* beruhigt, friedlich, von *pacifer:* Frieden bringend, *pacificatio:* Friedensstiftung, *pacifico:*

ich schließe Frieden, verhalte mich friedlich oder ich beruhige; und selbstverständlich – 1941 hörte man das Wort nicht gern... – ist diese Wurzel des Begriffs auch im Deutschen gegenwärtig, wenn wir von „Pazifisten" oder „Pazifismus" sprechen.

Auch andere europäische Sprachen haben diesen Zusammenhang von Stille und Frieden bewahrt: So heißt der (stille) Indische Ozean *(mare pacificum)* im Spanischen *il mare pacifico ò tranquillo*. Ich zitiere die spanische Namensgebung, um auf diese Weise sogleich den anderen Begriff, also das lateinische *tranquillus* – zu deutsch: ruhig, still, friedlich, gelassen – und *tranquillitas*: Ruhe, Windstille, Friede, Ruhe des Gemüts hinzuzuziehen, denn auch diese Wurzel unseres Begriffs ist uns geläufig geblieben: Der Tranquilizer ist bekanntlich allenfalls sehr indirekt ein „Stillsteller", in erster Bedeutung hingegen ein Beruhigungsmittel. Auch hier hat das Englische, wie andere indogermanische Sprachen, das Wort still mit den richtig erläuternden und die Bedeutung erweiternden Vorstellungen zusammengestellt: Das angloamerikanische Adjektiv *tranquil* übersetzen wir mit „ruhig, friedlich, still"; in der Wendung *tranquil mind* mit „ruhig und gelassen"; in *tranquil person* außerdem mit „ausgeglichen", und *tranquil music* ist „stille" Musik allenfalls im Sinne von „sanft und ruhig". *The tranquillity of the home* ist entsprechend die stille im Sinne friedlicher Atmosphäre eines Hauses. Entsprechend finden wir als Übersetzung der „Seelenruhe" im Französischen: *tranquillité de l'âme*; für ruhig, friedlich: *tranquille*.

Vollends aber wird deutlich, daß Friede ein anderes Wort für Stille ist, wenn wir den geschichtlichen Spuren folgen. Den Griechen hieß die Ruhe des Gemüts *galéne*, schon von den Skeptikern als „Meeresstille der Seele" ausgelegt, und zugleich meint das Wort den Frieden, den die Seele finde:

„Zieh dich in dich selbst zurück. Dem vernünftigen Vermögen deiner Seele ist die Fähigkeit gegeben, sich selber zu genügen, sofern du nur gerecht bist und darum deinen Frieden hast" – heißt es in den Selbstbetrachtungen des Kaisers Marc Aurel.

Zweifellos ist hier in dem Begriff der Stille – und des Friedens – etwas mit gemeint, wofür das Ohr nicht das Organ ist. Wird deutlich, was ich im Begriff der Stille, wie er uns zurückgeblieben ist, vermisse?

Stille – Friede: Im Begriff des „Stillens" ist der innige Zusammenhang bewahrt. (Schnuller heißt auf englisch *pacifier*.) Oder denkt man dabei nur noch daran, daß die Mutter sich des lärmenden Geschreis erwehrt, mit dem der Säugling stört?

Um auch noch daran zu erinnern: „Stille Nacht, heilige Nacht", das Lied zur Weihnacht, antwortet mit „still" auf die Botschaft der Engel „... et in terra pax ...": Die stille Nacht ist die Nacht des eingekehrten Friedens. Und ein letzter Überbietungssinn des Wortes ist gesetzt, wenn darin mit gemeint ist, Stille finde sich dort ein, wo wir wahrhaft heimisch sind – was nicht bloß „trautes Heim" ist. Das spricht der Vers aus, mit dem Angelus Silesius das gläubige *transcendere* ins Bild setzt:

Laß mich ein, du stiller Himmel,
Nimm mich aus dem Weltgetümmel.

Der „stille Himmel" als Erlösung aus dem „Weltgetümmel", was an „Schlachtgetümmel" denken läßt.

Was unserem Sprachverständnis allerdings fast ganz verlorenging und damit unserem Denken, ist Stille als Symbol der Größe und Ausdruck ruhiger Gelassenheit. Dieser Sinn jedoch lag dem berühmten Wort von Winckelmann zugrunde, wenn er die Kunst der Griechen mit dem Wortpaar „edle Einfalt, stille Größe" zu charakterisieren suchte:

„Das allgemeine vorzügliche Kennzeichen der griechischen Meisterstücke ist endlich eine edle Einfalt und eine stille Größe, sowohl in der Stellung als im Ausdruck. So wie die Tiefe des Meeres allezeit ruhig bleibt, die Oberfläche mag noch so wüten, ebenso zeigt der Ausdruck in den Figuren der Griechen bei allen Leidenschaften eine große und gesetzte Seele."

Die „stille Größe" wird erläutert als der Ausdruck einer „großen und gesetzten Seele": Größe, Fassung, Ruhe in sich selbst, Ferne und Distanz von aller Oberflächenwirbelei – so vertritt die Stille hier zunächst das Bei-sich-selbst-Sein, In-sich-selber-Ruhen, das Leitbild spätantiker Lebensform, später dann, christlich anders über diese Welt ins Bild gesetzt: das am vorbestimmten Ziel, im *telos* Angekommen-Sein, Stille also als Metapher einer andern Heimat, einer Heimat freilich, die erst leuchtet, nachdem alles Äußerliche und Entfremdende zurückgelassen ist: die Heimat, die „allen in die Kindheit scheint und worin noch niemand war", wie es mit den Worten zum Beschluß von „Prinzip Hoffnung" heißt bei einem Erben christlicher Erfüllungssehnsucht, bei Ernst Bloch.

Doch außerdem – und nicht so weit hinausgegriffen – sah Winckelmann mit seiner so bekannt gewordenen wie viel zitierten Formel von der „edlen Einfalt" und der „stillen Größe" etwas, was man heute eigens nennen muß, denn unserem Bewußtsein ist es fremd geworden: In der Stille der Gebärde drückt sich eine gute Macht und Sicherheit der tapferen, selbstbeherrschten Seele aus.

„Die edle Einfalt und stille Größe der griechischen Statuen" hätten zugleich, heißt es bei Winckelmann, „die vorzügliche Größe eines Raffael" ausgemacht, wozu er „durch die Nachahmung der Alten" gelangt sei. „Die Ruhe und Stille der Hauptfiguren in Raffaels Attila" stünden dafür: „Der römische Bischof, der das Vorhaben des Königs der Hunnen, auf Rom loszugehen, abwendet, erscheint nicht mit Gebärden und Bewegungen eines Redners, sondern als ein ehrwürdiger Mann, der bloß durch seine Gegenwart einen Aufruhr stillt."

„Bloß durch seine Gegenwart...": Das ist das Geheimnis stiller Größe und überzeugender, friedenstiftender Macht. Die repräsentativsten Wappentiere festgestellter Herrschaft, Löwe und Adler, stehen dafür ein: „Der Löwe als ein Wesen von großer, aber souverän beherrschter Energie, beherrschend ohne Kraftanstrengung in der Ruhe" – heißt es in einem „Lexikon der Symbole". So der stille Flug des Adlers: Seine Majestät liegt in der Ruhe, seine Ruhe in der Stärke. Nicht zuletzt: Er ist allein. Das Kleintier hält sich an das Rudel, Größe ruht in sich. Über aller Stille weht ein Hauch von Einsamkeit, die nicht gefürchtet wurde, sondern den die Seele suchte. – Schopenhauer:

> „In der Einsamkeit, als wo jeder auf sich selbst zurückgewiesen ist, da zeigt sich was er *an sich selber* hat."

Zuletzt ist Stille – als innere Ruhe – Prüfstein des gelungenen, des guten Lebens.

Zwischenruf: Sorget nicht!

Ihr sollt euch nicht Schätze sammeln auf Erden, wo sie die Motten und der Rost fressen und wo die Diebe nach graben und stehlen. Sammelt euch aber Schätze im Himmel, wo sie weder Motten noch Rost fressen und wo die Diebe nicht nach graben und stehlen. Denn wo euer Schatz ist, da ist auch euer Herz. ... Ihr könnt nicht Gott dienen und dem Mammon.

Darum sage ich euch: Sorget nicht um euer Leben, was ihr essen und trinken werdet; auch nicht um euren Leib, was ihr anziehen werdet. Ist nicht das Leben mehr denn die Speise? und der Leib mehr denn die Kleidung? Sehet die Vögel unter dem Himmel: sie säen nicht, sie ernten nicht, sie sammeln nicht in die Scheunen; und euer himmlischer Vater nähret sie doch. Seid ihr denn nicht viel mehr als sie? Wer ist unter euch, der seiner Länge eine Elle zusetzen könnte, wie sehr er sich auch darum sorgte?

Und warum sorget ihr für die Kleidung? Schauet die Lilien auf dem Feld, wie sie wachsen: sie arbeiten nicht, auch spinnen sie nicht. Ich sage euch, daß auch Salomo in aller seiner Herrlichkeit nicht gekleidet gewesen ist wie eine von ihnen. Wenn nun Gott das Gras auf dem Feld so kleidet, das doch heute steht und morgen in den Ofen geworfen wird: sollte er das nicht viel mehr für euch tun, ihr Kleingläubigen?

Darum sollt ihr nicht sorgen und sagen: Was werden wir essen? Was werden wir trinken? Womit werden wir uns kleiden? Nach dem allen trachten die Heiden. Denn euer himmlischer Vater weiß, daß ihr all dessen bedürft. Trachtet zuerst nach dem Reich Gottes und nach seiner Gerechtigkeit, so wird euch solches alles zufallen. Darum sorgt nicht für den andern Morgen, denn der morgige Tag wird für das Seine sorgen. Es ist genug, daß ein jeglicher Tag seine eigene Plage habe.

Aus dem Evangelium des Matthäus: 6, 19–21 und 24–34

INNERE RUHE

Friedrich Nietzsche: Im Spiegel der Natur

Ist ein Mensch nicht ziemlich genau beschrieben, wenn man hört, daß er gern zwischen gelben hohen Kornfeldern geht, daß er die Waldes- und Blumenfarben des abglühenden und vergilbten Herbstes allen andern vorzieht, weil sie auf Schöneres hindeuten als der Natur je gelingt, daß er unter großen fettblättrigen Nußbäumen sich ganz heimisch wie unter Bluts-Verwandten fühlt, daß im Gebirge seine größte Freude ist, jenen kleinen abgelegenen Seen zu begegnen, aus denen ihn die Einsamkeit selber mit ihren Augen anzusehen scheint, daß er jene graue Ruhe der Nebel-Dämmerung liebt, welche an Herbst- und Frühwinter-Abenden an die Fenster heranschleicht und jedes seelenlose Geräusch wie mit Samt-Vorhängen ausschließt, daß er unbehauenes Gestein als übriggebliebene, der Sprache begierige Zeugen der Vorzeit empfindet und von Kind an verehrt, und zuletzt, daß ihm das Meer mit seiner beweglichen Schlangenhaut und Raubtier-Schönheit fremd ist und bleibt? – Ja, etwas von diesem Menschen ist allerdings damit beschrieben, aber der Spiegel der Natur sagt nichts darüber, daß derselbe Mensch, bei aller seiner idyllischen Empfindsamkeit (und nicht einmal ‚trotz ihrer'), ziemlich lieblos, knauserig und eingebildet sein könnte. Horaz, der sich auf dergleichen Dinge verstand, hat das zarteste Gefühl für das Landleben einem römischen Wucherer in Mund und Seele gelegt, in dem berühmten ‚beatus ille qui procul negotiis'.*

---

* Epoden 2, 1: „Glückselig der, der fern den Geschäften…"

Innere Ruhe

Der Sprachgebrauch hat immer den als Philosophen bezeichnet, der jedem Vorkommnis die beste Seite abzugewinnen weiß; denn einzig das hilft.

Alain

Wie die Bienen Honig sammeln aus dem Thymian, dem herben, trockenen Kraut, so gewinnt der Weise oft aus den mißlichsten Umständen Nützliches und Gutes.

Plutarch

Womit anfangen? Mit einem guten, schlichten, klassischen Text. Das heißt Gelegenheit schaffen, ruhig und in Muße zu lesen, wie es dem Thema angemessen ist.

Ich habe den Plutarch ausgewählt. Ausgerechnet Plutarch? Ich kenne Menschen, die haben ein langes, ausgedehntes Studium der Philosophie absolviert und haben noch keine Zeile von ihm gelesen: Er zählt nicht zu „den Großen". Ein „Lexikon der Antike" notiert mit kaum verhohlener Abfälligkeit, zwar verrieten seine Schriften „weitgespanntes Interesse und universale Bildung", zugleich aber zeigten sie den Autor „als Nachschaffenden ohne eigene Forschung und Originalität im Denken". Der Philosoph, der mit weisem Humor in eigener Sache zu seinem Verbleib in seinem Geburts- und Heimatstädtchen die Auskunft gibt, er bewohne eine kleine Stadt und verweile gern in ihr, „damit sie nicht noch kleiner wird", hätte sich über diesen Einwand gewiß nicht gegrämt… (Jenes Städtchen, in dem Plutarch ca. 45 n. Chr. zur Welt kam und in dem er sich, 75 Jahre später, aus dieser Welt auch wieder verabschiedete, ist Chaironeia).

Seiner Art hätte es entsprochen, lieber darauf zu achten, wer sich zum Kreis seiner posthumen Freunde bekannte – vielleicht daß es ihm mehr auf diese Freunde ankam als auf den Beifall der Gelehrten? An erster Stelle ist da Michel de Montaigne zu nennen – von dem wir gleich hören werden, was er von Plutarch hielt. Und Erasmus von Rotterdam, wird erzählt, sei so weit gegangen zu bekennen, nächst der Bibel habe er „nichts Heiligeres gelesen" als Plutarch. Goethe hat immerhin – 1811 in Karlsbad – auf sein Gewissen genommen, eine Plutarch-Ausgabe seines Freundes Friedrich August Wolf, der er sich „bemächtigt" und die ihn dann „mehrere Wochen fast ganz allein" unterhalten habe (so sehr sei er „darein verliebt"), dem Eigentümer nicht wieder zurückzugeben, wie er ihm brieflich gesteht; und Nietzsche wußte für *seine* Freunde den Rat: „Sättigt eure Seelen an Plutarch und wagt es, an euch selbst zu glauben, indem ihr an seine Helden glaubt." (Unzeitgemäße Betrachtungen, II). Dieser Ausruf Nietzsches bezog sich übrigens auf das Werk Plutarchs, das zu besonderer Berühmtheit gelangte (und das vor allem Shakespeare sehr schätzte): Die vergleichenden Biographien „Leben und Taten berühmter Griechen und Römer".

Doch zu Montaigne und seinem Urteil. Von einem Denker, der bekennt,

Das herrlichste Meisterstück eines Menschen ist, recht zu leben. Alle andere Dinge, regieren, Schätze sammeln, bauen, sind nur kleine Anhänge, und aufs höchste Hülfsmittel.

werden wir eine andere Einschätzung erwarten als von Gelehrten, denen an „Originalität" gelegen ist, die ihnen selber fehlt...

In seinem Essay „Über die Bücher" plaudert Montaigne aus, welche Lektüre, in der sich Nützliches mit dem Angenehmen mische, indem er dabei seine „Launen und Lebenslagen in rechte Begriffe bringen lerne", ihm „vorzüglich gefalle". Das sind: Plutarch und Seneca.

„Diese Schriftsteller stimmen in ihren meisten nützlichen und wahren Gedanken überein [...]. Ihre Lehre ist das Mark der Philosophie (Leur instruction est de la cresme de la philosophie), in einfacher und treffender Weise vorgetragen."

Da mir dieses gar nicht kleine Lob sehr wichtig ist, setzte ich auch noch eine andere, ältere Übersetzung hinzu (von Johann Daniel Tietz, 1753/54):

„Sie tragen den Kern der Weltweisheit auf eine natürliche und geschickte Art vor."

Ob wohl „das Mark der Philosophie" bzw. „der Kern der Weltweisheit" etwas ist, worin „originelle" Köpfe viel Neues „erforschen"...?

Weiter Montaigne: „Plutarch ist geschlossener und stetiger; Seneca schwankender und vielgestaltiger. Dieser müht sich ab, reckt sich und reißt sich zusammen, um die Tugend gegen die Schwachheit, die Furcht und die lasterhaften Begierden zu wappnen; der andere achtet anscheinend ihre Macht nicht so hoch und verschmäht es, sich ihretwegen aus der Ruhe bringen zu lassen und Deckung zu suchen."

Begegnet uns da nicht wieder, was schon Pascal im Blick auf die Stoiker bedenklich fand, daß sie sich nämlich mit ihrem allzu stolzen Bemühen um die Ruhe des Weisen eben um die Ruhe brächten? Montaigne weiter:

„Plutarch ist freimütig überall. Seneca ist voll geistreicher Wendungen und Ausfälle; Plutarch voll Gehalt. Jener erhitzt und erregt uns stärker; dieser gibt uns größere Befriedigung und reicheren Lohn. Er führt uns; der andere stößt uns voran."

Wir werden uns sogleich von Plutarch „führen lassen"...

Doch zuvor möchte ich meinerseits noch einige Überlegungen wagen, nicht etwa, um in anspruchsvollstem Sinne Plutarch zu „rehabilitieren", wie es heute gern heißt, sondern – angeregt durch

Montaignes Urteil, bei Plutarch finde sich „das Mark der Philosophie in einfacher und treffender Weise vorgetragen" – um einmal möglichst unbefangen zu fragen, was denn wohl dieses Herzstück der Philosophie sei – und: ob es wohl etwas mit unserem Thema, der inneren Ruhe, zu tun hat. Dazu allerdings werde ich dem Brief Plutarchs „Über die Ruhe des Gemütes" ein wenig vorgreifen müssen.

Einverständnis • Ja-Sagen • Anerkennen • Zustimmung

Ich denke, der hauptsächliche Rat, den er gibt, ist der, sich in der Kunst der Zustimmung, der Anerkennung, der Einwilligung und Hinnahme zu üben und sich in der Kraft des Ja-Sagens zu stärken. Sehr kurz gefaßt: Die Seele finde ihre Ruhe, sobald sie lerne anzunehmen, was ihr widerfährt, und im Einverständnis stehe mit dem, was geschieht.

Ich behaupte nun: Dieser Gedanke, er mag noch so sehr im Untergrund mitgegangen sein, ist tatsächlich das „Mark der Philosophie"; ihr ging es, in sehr verschiedenen Gestalten zweifellos, eben darum: um die „Versöhnung" (um Hegels Terminus auszuborgen) unseres Geistes mit dem, was ist, was vorgeht, was war, was kommen mag.

Um Hegel als ersten Zeugen zu benennen: Steht seine gigantische Anstrengung, die gesamte Welt und ihre Geschichte anzuerkennen, indem er sie begreift, nicht im Dienst desselben Motivs?

Und sein widerborstig entschiedener Kontrahent, Arthur Schopenhauer: Ist es schwer zu sehen, daß sein unerschütterliches „Nein" zur Welt mit allen ihren massenhaften Grausamkeiten wesentlich die Vorbedingung ist, sich in das (grausame) Schicksal zu fügen? „Alles was geschieht, vom Größten bis zum Kleinsten, geschieht *notwendig*", laute seine Formel, das sei das eigentliche „Quietiv", das der Seele Ruhe verschaffe und immer schon verschafft habe, denn „die beruhigende Wirkung der Erkenntnis des Unvermeidlichen und Notwendigen" sei den klügeren und weisen unter den Menschen zu allen Zeiten bekannt gewesen: Wer von dieser Einsicht und Haltung „durchdrungen ist, wird zuvörderst tun was er kann, dann aber willig leiden was er muß". Soviel Arthur Schopenhauer, dessen dazugehörige – und mit Plutarch, wie sich finden wird, aufs innigste verwandte – Lehre wir noch kennenlernen werden.

Was ist schließlich mit Nietzsche, der zu seinem „Amor fati" zu gelangen suchte? Wozu sein gedankliches Experiment, alles, wirklich alles, so vom Größten bis zum Kleinsten, wolle er sich als immer wiederkehrend denken, von jetzt bis in die Ewigkeit? War es nicht der Versuch, ein „Ja-Sagender" zu werden?

Es ließe sich weiter ausholen und die Frage anschließen, was denn Platon dazu verleitet haben mag, die Ideenlehre zu entwerfen. Tat sich da nicht das Reich ewiger Ruhe und Notwendigkeit auf, das keinerlei Zweifel und Kritik mehr zuließ? Und jene Philosophen, die denkerisch Gott die Ehre erwiesen und alles, was sie sonst noch anerkennen mochten, anerkannten, indem sie es mit ihm in Verbindung dachten? Für sie lag – wie dies Hegel bildlich aussprach – die Bedeutung „von allem, was ist, … in dem Lichtfaden, durch den es an den Himmel geknüpft war". War das nicht die Gewähr, daß sich kein kritischer Vorwitz und kein menschliches Einwändemachen daran vergehen konnte? War nicht, was „an den Himmel geknüpft war", dem Einspruch entzogen und, mehr noch, sein So-sein-Müssen verbürgt, was das Einverständnis selbstverständlich machte? Waren womöglich überhaupt die Götter und der Gott nötig, um das, was ist, dem Tadel des Menschen zu entziehen – den Menschen selber aber, im Gegenzug, das Einverständnis mit Ruhe zu entlohnen?

Niemand soll jetzt sagen, mit solchen Fragen schweifte ich vom Thema ab. Im Gegenteil: es führt hinein. Ich wage geradezu die Behauptung: Anerkennung, Zustimmung, das Vermögen und die Kraft, Ja zu sagen, Einwilligung und stolze Hinnahme – sie gehören zusammen, sie sind das innerste Geheimnis der Ruhe im Innern. Und, wie sogleich hinzuzusetzen ist, nicht nur der Ruhe, sondern zugleich sind sie womöglich das eigentliche Geheimnis allen Wirkens und Vollbringens. Nur was wir lieben, ändert sich. Was wir kritisieren, in Frage stellen, verachten usw., verführen wir dazu, sich zu verteidigen; so bleibt es auf der Stelle.

Die besonnenen unter den Menschen haben dies – vor allem sofern wir es auf den Umgang mit Menschen beziehen – im Grunde immer schon gewußt.

Drei Stimmen (diese für alle) will ich als Zeugen anführen. Zuerst noch einmal Pascal:

„Wenn man mit Erfolg entgegnen und einem anderen aufzeigen will, daß er sich irrt, muß man darauf achten, von welcher Seite er die Sache ansieht. Denn von hier aus gesehen, ist sie meist wahr; und diese Wahrheit muß man ihm zugeben, ihm dann aber die Seite aufzeigen, von wo aus sie falsch ist. Damit wird er zufrieden sein, denn er sieht, daß er sich nicht täuschte, daß er nur versäumte, sie von allen Seiten zu sehen. Nun, man ärgert sich nicht darüber, nicht alles gesehen zu haben, aber man will sich nicht getäuscht haben."

Ist es hier nicht offenkundig, wie zunächst die mögliche Zustimmung gesucht wird, ohne die wir den anderen nicht erreichen? Und wie darauf geachtet wird, daß noch in der Kritik – im Aufzeigen, was übersehen wurde – die Zustimmung als die Grundlage nicht wegbricht?

Eine zweite Stimme, dem Gehalt nach der Pascals verwandt. Der junge Hegel:

„Wenn davon die Rede ist, wie man auf die Menschen zu wirken hat, so muß man sie nehmen, wie sie sind, und alle guten Triebe und Empfindungen aufsuchen, wodurch wenn auch nicht unmittelbar seine Freiheit erhöht, doch seine Natur veredelt werden kann."

Ein dritte Stimme, dem Gehalt nach der Pascals und Hegels verwandt. Benjamin:

„*Nicht abraten.* Wer um Rat gefragt wird, tut gut, zuerst des Fragenden eigene Meinung zu ermitteln, um sie sodann ihm zu bekräftigen. Von eines anderen größerer Klugheit ist keiner so leicht überzeugt, und wenige würden daher um Rat fragen, geschähe es mit dem Vorsatz, einem fremden zu folgen. Es ist vielmehr ihr eigener Entschluß, im Stillen schon gefaßt, den sie noch einmal, von der Kehrseite gleichsam, als ‚Rat' des anderen kennenlernen wollen. Diese Vergegenwärtigung erbitten sie von ihm, und sie haben recht. Denn das Gefährlichste ist, was man ‚bei sich' beschloß, ins Werk zu setzen, ohne es Rede und Gegenrede wie einen Filter passieren zu lassen. Darum ist dem, der Rat sucht, schon halb geholfen, und wenn er Verkehrtes vorhat, so ist, ihn skeptisch zu bestärken, besser, als ihm überzeugt zu widersprechen."

Muß ich noch einmal den Zusammenhang in Erinnerung rufen, der mich diese drei Stimmen zitieren ließ? Es ging und geht um die Vermutung – um nun, nachdem ich angesehene Gewährsleute zur Sache habe sprechen lassen, doch etwas vorsichtiger zu reden –, daß Zustimmung, Anerkennung, Einverständnis, Ja-Sagen nicht nur den Königsweg zur inneren Ruhe weisen, sondern ebenso die Bedingung allen Bewirkens sind, beispielhaft erläutert im Blick auf andere Menschen.

Im weiteren aber war meine Absicht, mit diesen wenigen Überlegungen nahezulegen, den liebenswerten, gescheiten und so beherzt unspektakulären Plutarch nicht zu unterschätzen. Unschwer wird, wer darauf achtet, im folgenden Text das angesprochene Hauptmotiv, wenn nicht das „Mark der Philosophie" wiedererkennen – es zieht sich wie der rote Faden durch seine Überlegungen.

Plutarch: Von der Heiterkeit der Seele

Mein lieber Paccius! Erst spät erhielt ich Deinen Brief, in dem Du mich um eine kurze Abhandlung batest über die Heiterkeit der Seele und über einige Stellen in Platons Timaios, die einer eingehenderen Erklärung bedürfen. Zufällig veranlaßte gleichzeitig ein wie immer dringender Brief unseres lieben Fundanus unseren Freund Eros, plötzlich nach Rom zu fahren. Da es mir also an Zeit fehlte, mich so ausführlich, wie ich mir vorgenommen hatte, über den vorgeschlagenen Gegenstand zu verbreiten, da ich aber doch auch nicht gern einen Mann, der von hier kommt, mit ganz leeren Händen vor Dir erscheinen lassen mochte, so habe ich einige von meinen Aufzeichnungen über die Heiterkeit der Seele, die ich für mich verfaßt hatte, zusammengestellt. Ich weiß ja, daß Du mehr nach Lebensregeln suchst, als daß Dich nach einer Schrift gelüstet, um Dich an dem Prunk der Worte zu erfreuen. Ich muß Dir aber auch Glück wünschen: denn wenn Du auch die Gunst und Freundschaft der Großen besitzt und kaum ein Redner Dich übertrifft, so ist es Dir doch nicht ergangen wie dem Merops in der Tragödie,

Daß nicht der Jubelschrei des Volkes dich beraubte

der natürlichen Empfindungen. Du hast ja nicht vergessen, was Du so oft gehört hast, daß kein Patrizierschuh vor dem Zipperlein, kein kostbarer Siegelring vor dem Nagelgeschwür und kein Diadem vor Kopfschmerzen schützen kann. Wie sollten denn auch wohl Reichtum, Ruhm und Ansehen am Hofe der Mächtigen zur Freiheit der Seele vom Schmerz oder einem Leben in der Stille beitragen, es müßte denn sein, daß man im Besitz dieser Güter das Glück mit Dank empfindet, ihren Verlust aber nicht als Mangel oder Entbehrung betrachtet. Heißt das aber nicht, die Vernunft durch fleißige Übung daran gewöhnen, den vernunftlosen Teil der Seele, der von den Leidenschaften beherrscht wird und oft genug in Erregung gerät, beizeiten in Schranken zu halten und ihn nicht von den Ereignissen fortreißen zu lassen?

Xenophon gibt den Rat, gerade schon in Zeiten des Glücks der Götter zu gedenken und sie zu ehren, damit wir in Tagen des Leides im Vertrauen auf ihre Gunst und Gnade zu ihnen beten können. Ebenso sollte der Weise sich schon vor dem Ausbruch der Leidenschaften um die Grundsätze sorgen, die ihm im Kampfe gegen sie Hilfe leisten können. Je früher sie ihm zur Verfügung stehen, um so größeren Nutzen wird er aus ihnen ziehen können. Wie scharfe Hunde bei jeder fremden Stimme auffahren und sich allein von der ihnen vertrauten beruhigen lassen, so lassen sich auch die entbrannten Leidenschaften der Seele nur schwer dämpfen, wenn die Grundsätze nicht schon getreue Begleiter geworden sind und die Erregung wieder zur Ruhe bringen. […]

Manche wollen die Freiheit der Seele vom Schmerz nur in einer einzigen Lebensart finden, im Leben des Bauern, des Junggesellen oder des Königs. Aber ihnen gibt Menander eine gute Lehre:

> *[…]*
> *Ist denn der Kummer mit dem Leben so verwandt?*
> *Der Üppigkeit, dem Ruhm und Glanz gesellt er sich,*
> *Begleitet bis ins Alter hin die Dürftigkeit.*

Wenn Feiglinge und Seekranke auf der Fahrt in der Hoffnung, Erleichterung zu finden, vom Kahn auf ein Frachtschiff umsteigen und dann wieder auf einen Dreiruderer, so werden sie damit nur eine Enttäuschung erleben, denn ihre Galle wie ihre Furchtsamkeit begleitet sie überallhin. Ebensowenig aber kann der Wechsel in der Lebensführung unsere Seele befreien von den Gründen der Ängste und Nöte, wie es Unerfahrenheit, Unbedachtsamkeit und die Unfähigkeit, sich in die Lage zu schicken, sind. Solche Unzulänglichkeiten beunruhigen Reiche wie Arme, sie quälen Verheiratete wie Ledige. Um ihretwillen flieht man die Mühen der Politik, um dann die Untätigkeit unerträglich zu finden. Aus solchen Gründen jagt man am Hof der Großen hinter Rang und Auszeichnung her, die dem Glücklichen aber bald zur schweren Last werden.

Wie macht die Ungeduld den Kranken mißvergnügt!

Er ärgert sich über seine Frau, zankt mit dem Arzt, schilt wegen des Bettes und

Der Freund, der kommt, der Freund, der geht,
Sie fallen beide ihm zur Last,

wie Ion sagt. Wenn dann die Kraft der Krankheit gebrochen ist und die Säfte sich erneuern, dann bringt die Gesundheit bei ihrer Wiederkehr neues Behagen. Wer gestern noch Eier, Kuchen und feines Brot verschmähte, ißt heute mit dem besten Appetit gewöhnliches Brot mit Oliven und Kresse.

Kluge Vernunft wird uns überhaupt befähigen, uns in behaglichem Gleichmut jeder Lebenslage anzupassen. Als Anaxarchos von dem Dasein unzähliger Welten sprach, brach Alexander in Tränen aus, und auf die Frage der Freunde nach seinem Schmerz antwortete er: „Soll ich nicht weinen, wenn es unzählige Welten gibt und ich noch nicht Herr einer einzigen geworden bin?" Aber für Krates, der nur Mantel und Bettelsack besaß, war das ganze Leben ein einziger Festtag voll Scherz und Lachen. Selbst Agamemnon fand an seinem mächtigen Königtum nicht nur Gefallen:

Wirst du doch Atreus' Sohn Agamemnon erkennen, den ewig Zeus
vor den anderen allen mit Sorge belastet.

Als Diogenes verkauft werden sollte, blieb er auf dem Boden liegen und machte sich über den Ausrufer noch lustig. Er weigerte sich aufzustehen und stellte die höhnische Frage: „Wenn du nun einen Fisch verkaufen wolltest?" Während Sokrates auch im Gefängnis mit seinen Freunden philosophische Fragen behandelte, weinte Phaethon noch, da er schon in den Himmel aufgestiegen war, weil ihm niemand den Wagen und die Pferde seines Vaters anvertrauen wollte.

Wie der Schuh sich nach dem Fuß richten muß und nicht umgekehrt, so gestaltet sich auch des Menschen Seele das Leben nach ihrem Vorbild. Denn es ist nicht, wie man gesagt hat, die Gewohnheit, welche die beste Art der Lebensführung für den, der sie wählt, angenehm macht. Es ist vielmehr die Lebensklugheit, in der sich die Lebensführung gleichzeitig zu der besten und zu der angenehmsten gestaltet. In uns selber ruht die Quelle, aus der die Heiterkeit der Seele fließt. Halten wir sie rein und klar, damit wir auch mit den Dingen der Außenwelt bekannt und vertraut werden und sie ohne Verdrießlichkeit zu ertragen lernen.

Du sollst dich nicht erzürnen über diese Welt: Sie kümmert sich nicht drum. So ordne, was da kommt, in deine kleine Welt, und du wirst glücklich sein!

Denn einem Würfelspiel hat Platon das Leben verglichen: es reicht nicht hin, glückliche Würfe zu tun, man muß sie auch zu nutzen wissen. Das Werfen steht freilich nicht in unserer Gewalt. Aber daß man die Gaben des Geschicks auf eine gute Art annehme und einer jeden den Platz anweise, an dem sie unsere Eigenart am stärksten fördern kann, an der das Nichtgewollte uns am wenigsten schaden mag, das ist allerdings unser Werk, wenn uns Klugheit leitet. Wer törichten Sinnes dem Leben gegenübersteht, der gleicht den Kranken, die nicht Hitze und nicht Kälte vertragen können. Das Glück hebt sie empor, das Unglück stürzt sie wieder. Glück wie Unglück bringen ihnen nur Unruhe, die meiste Unruhe aber schaffen sie sich selbst im Glück wie im Unglück, und am meisten in dem, was die Menschen Glück nennen. Theodoros, den man den Gottesleugner hieß, sagte, seine Zuhörer nähmen die Lehren, die er ihnen mit der Rechten reichte, mit der Linken entgegen. So machen es auch die Toren. Wenn das Glück zu ihrer Rechten tritt, so greifen sie unschicklich genug mit der Linken nach ihm. Aber wie der Thymian trotz seiner herben Schärfe den Bienen Honig schenkt, so weiß auch der Weise aus den größten Verdrießlichkeiten oft Gutes und Nützliches zu gewinnen.

In solcher Haltung sollte man sich also mit Sorgfalt üben, wie ein Junge, der nach einem Hund werfen wollte und statt dessen seine Stiefmutter traf, sagte:

„So war es ja auch nicht übel!" Ebenso steht es auch uns frei, dem Geschick, das uns wider Erwarten trifft, eine andere Wendung zu geben. Diogenes wurde aus seiner Vaterstadt verbannt. „So war es ja auch nicht übel"; denn nach der Vertreibung begann er, sich der Philosophie zu widmen. Zenon von Kition besaß nur noch ein einziges Handelsschiff. Als die Nachricht kam, es sei im Sturm mitsamt der Ladung untergegangen, rief er aus: „Schicksal, du meinst es gut mit mir, daß du mich zum Philosophenmantel und zur Stoa führst!" Warum solltest Du nicht solchen Vorbildern folgen? Hast Du etwa bei der Bewerbung um ein Amt einen Mißerfolg gehabt? Nun, so lebe auf dem Lande und sorge für Dich und die Deinen! Hat Dich vielleicht ein Fürst, dessen Huld Du suchtest, zurückgestoßen? Dann wirst Du in behaglicher Muße Dein Leben führen können ohne alle Gefahren. Bist Du wieder in mühsame und sorgenvolle Geschäfte verwickelt worden?

Selbst nicht warmes Wasser macht so sehr wohlig
Den Gliedern,

nach Pindars Wort, wie Ruhm und Ehre im Glanze der Macht die „Mühe versüßt und die Müdigkeit verscheucht". Oder haben Verleumdung und Neid Dir Mißgeschick und schimpfliche Behandlung gebracht? Was macht's? Zu den Musen führt Dich solch günstiger Wind zurück und zur Akademie, wie einst Platon, als seine Freundschaft mit Dionysios gescheitert war.

Auch das fördert uns in der Heiterkeit der Seele, wenn wir auf große Männer zurückschauen, ob auch sie in ihrem Leben ähnliche Schicksale gehabt haben. Wie tief schmerzt Dich die Kinderlosigkeit? Schau auf die Könige von Rom, von denen keiner seinem Sohn das Reich hinterlassen hat. Drückt Dich die Armut? Möchtest Du nicht doch von allen Boiotern am liebsten Epameinondas, von den Römern Fabricius sein? „Aber meine Frau ist mir untreu geworden." Hast Du nicht in Delphi die Inschrift gelesen

Agis widmet mich, der König der Länder und Meere,

und hast Du nicht auch gehört, daß seine Gemahlin Timaia sich von Alkibiades hatte verführen lassen und „Alkibiades" als Namen ihres Kindes ihren Frauen ins Ohr flüsterte? Selbst dieses Geschick hinderte Agis nicht, zu Ruhm und Größe emporzusteigen unter den Hellenen. Stilpon lebte fröhlicher und heiterer als alle seine Kollegen in der Philosophie trotz der Ausschweifungen seiner Tochter. Als Metrokles ihm darüber Vorwürfe machte, sagte er: „Ist es meine Schuld oder ihre?" Da Metrokles zur Antwort gab: „Ihre Schuld, aber ein Unglück für dich" erwiderte Stilpon: „Wie meinst du das? Ist nicht jedes Vergehen auch ein Fehler?" „Allerdings", war die Antwort. „Und trifft der Fehler den Betroffenen nicht wie ein Versagen?" Auch das gab Metrokles zu. „Und trifft das Versagen den Betroffenen nicht wie ein Unglück?" So bewies Stilpon dem Kyniker mit sanftem Philosophenwort, daß seine Schmähung nur leeres Bellen sei.

Die meisten Menschen lassen sich durch die Laster ihrer Feinde ebenso in Unruhe und Zorn versetzen wie durch die Fehler ihrer Freunde und Verwandten. Denn Verleumdung, Zorn, Neid, Bosheit und haßerfüllte Eifersucht bringen eigentlich nur denen, die ihnen die Herrschaft über sich einräumen, den Untergang, und doch gibt es Toren, die sich von ihnen gereizt fühlen. Nicht anders steht es gewiß auch mit dem Streit unter den Nachbarn, mit den Zerwürfnissen der Freunde untereinander und der Unredlichkeit Deiner Mitarbeiter. Dadurch läßt auch Du Dich, möchte ich glauben, gar zu leicht in Erregung bringen, und wie Sophokles von den Ärzten sagt

Der bittren Galle gilt die bittre Arzenei,

so vergiltst Du mit Zorn und Erbitterung ihre Laster und Vergehen. Ist das klug? Denn wenn Du als Anwalt tätig bist, so wisse: Deine Arbeit wird nicht ausgeführt von aufrichtigen, redlichen Leuten; sie gleichen zu oft rauhen, krummen Werkzeugen, nicht edlen, wohlgestalteten. Besserungsversuche an ihnen sind nicht Deine Aufgabe und übersteigen gewiß Deine Kräfte. Brauche sie so, wie sie von Natur sind, etwa wie der Arzt die Zahnzange oder den Verband, und wenn Du dann nach Möglichkeit freundlich und gelassen bleibst, dann wirst Du gewiß über Deine Haltung mehr Freude haben als Ärger über die Ungezogenheiten und Ungesetzlichkeiten Deiner lieben Nächsten. Wisse, daß sie nur tun, was ihre Natur ihnen eingibt, wie die Hunde, wenn sie bellen, und vergiß es. Sonst möchtest Du Dir viel Leid zuziehen; denn es fließt, wie Wasser in der Niederung, in einer kleinen, schwachen Seele zusammen und füllt sie mit neuen Übeln. […]

Im Fieber finden wir alle Speisen, die wir kosten, bitter und ungenießbar; wenn wir aber beobachten, daß andere dieselben Speisen ohne Widerwillen zu sich nehmen, so schieben wir die Schuld auf uns und unsere Krankheit, nicht mehr auf Speise und Trank. Ebensowenig werden wir auch auf den Lauf der Dinge schelten, wenn wir sehen, daß andere dasselbe Schicksal ohne Murren heiter ertragen. Deshalb ist es für die Heiterkeit unseres Herzens heilsam und förderlich, wenn wir, vom Unglück wider Erwarten überrascht, nicht vergessen, wieviel Reichtum an Liebe und Freundschaft uns begegnet: in dieser Mischung von Gutem und Schlechtem wird das Unglück seine Gewalt verlieren. Wenn wir von allzu starkem Glanz geblendet die Augen abwenden, dann lassen wir sie auf frischen grünen Farben ausruhen. Die Gedanken aber richten wir immer nur auf das Unglück, reißen sie sogar mit Gewalt von fröhlichen Dingen ab und zwingen sie, bei der Betrachtung des Schmerzes zu verweilen. Dazu paßte das Wort nicht schlecht, das ein Dichter auf den „Hans Dampf in allen Gassen" geprägt hat:

Für fremde Fehler hast du einen scharfen Blick;
An deinen siehst du stets vorbei, du Lästermaul!

Warum schaust Du immer auf Dein Unglück, glücklicher Freund, und stellst es Dir immer wieder in seiner ganzen Schärfe neu vor Augen, ohne nur einmal die Gedanken auf all das Gute zu richten, dessen Du Dich erfreust. Den Schröpfköpfen gleich, die gerade die ungesundesten Säfte aus dem Körper ziehen, häufst Du das größte Unglück in Deiner Seele auf, nicht anders als der Mann aus Chios, der die reiche Ernte köstlichen Weins verkaufte und für sich zum Frühstück einen Krätzer forderte. Als aber ein Sklave von einem anderen gefragt wurde, womit sein Herr beschäftigt gewesen sei, als er ihn verließ, antwortete er: „Im Glanze seines Glücks sucht er nach einem Unglück." Wieviele gehen nicht an den Annehmlichkeiten und Köstlichkeiten des Glücks vorüber und eilen den Verdrießlichkeiten und Widerwärtigkeiten nach? Anders Aristippos: er war klug genug, wie auf einer Waage emporzusteigen zu Glück und Erfolg. Einst hatte er ein prächtiges Landgut verloren. Als ein Freund herzliche Anteilnahme an seinem Verlust vorgab, fragte er: „Nicht wahr, du hast nur eine einzige kleine Besitzung, und mir bleiben immer noch drei Güter übrig?" Das mußte der Freund zugeben. „Also", meinte Aristipp, „sollte ich da nicht eher mit dir Mitleid haben?" Es ist doch wahrhaftig einfach unsinnig, hinter dem Verlorenen herzutrauern, statt sich über das Gerettete zu freuen. Wenn man Kindern eine von ihren Spielsachen nimmt, werfen sie alle hin und fangen an zu schreien und zu weinen, und wenn das Geschick uns nur eins von unseren Besitztümern raubt, wollen wir ebenso in unserem Ärger und Jammer unseren ganzen Reichtum fahren lassen.

Mancher fragt: „Was haben wir denn eigentlich im Grunde? Was haben wir denn nicht?" Der eine Ruhm und Ehre, der andere Haus und Hof, eine liebe Gattin ein anderer oder einen treuen Freund. Als Antipater aus Tarsos am Ende seines Lebens alle Freude überzählte, die er in seinem Leben genossen, vergaß er auch die glückliche Fahrt nicht, die er von seiner Heimat nach Athen gemacht hatte. Auch die Güter, die wir mit allen Menschen teilen, dürfen wir bei dieser Rechnung nicht vergessen. Wieviel Gründe zur Freude gibt es doch? Wir leben noch, sind gesund und dürfen noch das Licht der Sonne schauen. Wir wissen nichts von Krieg und Aufruhr; in aller Sicherheit kann auch der Bauer sein Feld bestellen, der Seemann über die Meere fahren. Und wer reden will und arbeiten, der darf es; er darf aber auch schweigen und nichts tun. Über alles dieses werden wir uns um so mehr freuen, wenn wir uns vorstellen, daß wir es entbehren müßten, wenn wir es uns selbst immer wieder vor Augen stellen, wie sehnsüchtig der Kranke nach Gesundheit, der Friedlose nach Frieden verlangt, wie ehrenvoll es für einen unbekannten Fremden ist, in einer solchen Stadt (wie Rom) Achtung und Freundschaft zu finden. Man soll dabei aber auch nicht vergessen, wie es schmerzt, solche Güter zu verlieren, wenn man sie besessen hat. Denn es ist nicht so, daß sie erst im Augenblick des Verlustes Größe und Wert erhalten, vorher aber nichts bedeuten. Das Nichtsein kann keiner Sache einen Wert geben. Es ist aber doch auch ein Widerspruch, wenn wir diese Dinge zunächst für so wichtig halten, daß wir uns um sie bemühen und vor ihrem Verlust furchtsam zittern, als seien sie unersetzlich, wenn wir aber als glückliche Besitzer kaum Wert auf sie legen und sie als unbedeutend verachten. Also sollte man von ihnen Gebrauch machen zur eigenen Freude, um auch ihren Verlust, wenn er einmal eintritt, gelasseneren Herzens ertragen zu können. Viele meinen, wie Arkesilaos sagt, sie müßten fremder Menschen Dichtungen, Gemälde und Bildhauerarbeiten mit aller Sorgfalt bis ins Kleinste untersuchen und zergliedern. An ihrem eigenen Leben, das Stoff zu mancher kurzweiligen Betrachtung geben könnte, gehen sie achtlos vorüber und schauen, statt in sich, nur auf äußere Dinge und sind voller Bewunderung für Glück und Ruhm ihrer Mitmenschen, wie der ungetreue Ehemann für fremde Frauen, nicht für die eigene.

Auch das ist also ein Weg zur Heiterkeit der Seele, vor allem auf sich und seinen Kreis zu schauen oder wenigstens auf Leute, denen es schlechter geht als uns; nicht die Höherstehenden sollte man zum Vergleich heranziehen. So pflegen gefesselte Sklaven die ungefesselten glücklich zu preisen, ungefesselte die Freigelassenen, diese wieder die Bürger und die Bürger die Reichen. Diese schauen dann auf die Satrapen, die Satrapen auf die Könige und die Könige schließlich auf die Götter, fast möchten auch sie blitzen und donnern können. Weil sie sich also niemals von der Sehnsucht nach dem Höheren freimachen können, werden sie ihres eigenen Loses niemals froh. [...]

Wer klug auf sein Wohlergehen bedacht ist, der sitzt nicht in kleinmütigen Klagen da, weil ihn der eine oder andere übertrifft an Ruhm und Reichtum unter den Myriaden von Menschen, die die Sonne bescheint,

Die wir der geräumigen Erde Frucht genießen.

Er wird es vielmehr seinem Schicksal danken, daß er in dieser Unzahl anständiger und glücklicher lebt als Tausende und aber Tausende, und so wird er seine Straße gelassen daherziehen. In Olympia ist es nicht gestattet, sich einen Gegner auszusuchen, um siegen zu können. Im Leben aber vergönnt es uns das Schicksal, uns über viele zu erheben und uns eher von ihnen beneiden zu lassen als sie selbst zu beneiden, wenn Du Dich nicht gerade einem Briareos oder Herakles vergleichen willst. Wenn Du also den Mächtigen, der sich in der Sänfte tragen läßt, gar zu sehr bewunderst, dann bücke Dich und schau auch auf die Träger. Wenn Du wie der Anwohner des Hellesponts den König Xerxes auf der Brücke den Sund überschreiten siehst, dann vergiß nicht die Arbeiter, die mit Geißeln gehetzt den Athos durchstachen, denen Nasen und Ohren abgeschnitten wurden, weil das tobende Meer die Brücke zerriß. Versetze Dich in ihre Seele, ob sie nicht Dein Leben und Dein Los glücklich preisen werden. Als Sokrates einen Freund über die hohen Preise in der Stadt klagen hörte: „Vier Goldstücke kostet der gute Chierwein, der Purpur zwölf und ein Viertelliter Honig sogar fast vier Mark", da nahm er ihn mit auf den Markt und brachte ihn zu den Mehlhändlern: „Dreizehn Pfennig kostet der halbe Scheffel; man lebt billig in der Stadt" – dann zu den Ölhändlern: „Vier Pfennig das Liter Öl; man lebt billig in der Stadt" – endlich zu den Kleiderbuden: „Acht Mark ein Arbeitskittel ohne Ärmel; man lebt billig in der Stadt." Wenn wir also jemand sagen hören: „Unsere Lage ist doch wahrhaftig armselig und verzweifelt; ans Konsulat oder auch nur ein anderes Amt ist nicht zu denken", dann magst Du sagen: „Herrlich ist unsere Lage und beneidenswert unser Leben; wir brauchen ja nicht zu betteln und unser Brot nicht als Lastträger oder Schmeichler zu verdienen."

Leider haben wir aber nun einmal die einfältige Gewohnheit, mehr mit dem Blick auf die anderen als auf uns selbst zu leben, und der Hang der menschlichen Natur zu Neid und Mißgunst ist bedauerlicherweise so groß, daß der Mensch sich über fremde Vorzüge mehr ärgert als er sich über die eigenen freut. [...]

Eine andere Störung der Seelenheiterkeit mag aus dem Bestreben hervorgehen, seine Begierden, wie Segel, nicht nach dem Maß der verliehenen Kräfte zu gebrauchen, sondern immer mit seinen Hoffnungen in die Sterne zu greifen. Scheitert solche Vermessenheit, so klagt man Glück und Schicksal an, nicht seine eigene Torheit. Wer Pfeile mit dem Pflug schießen oder Hasen mit Ochsen jagen will, ist nicht unglücklich, und wer mit Reusen und Netzen keine Hirsche und Säue fängt, dem stellt sich seine eigene Torheit und Einfalt, die nach Unmöglichem greift, in den Weg, nicht aber ein böser Dämon. Schuld daran ist in den meisten Fällen unsere Eigenliebe; denn um ihretwillen drängen wir uns überall an die Spitze und verlangen unersättlich nach allem. Was wollen die Menschen nicht alles zugleich sein? Reich und klug und stark, gute Trinker und angenehme Gesellschafter, Freunde der Könige und Regenten, und wenn ihre Hunde und Pferde, ihre Wachteln und Hähne nicht überall den ersten Preis davontragen, vergehen sie vor Leid. [...]

Der Perser Megabyzos kam einst in die Werkstatt des Malers Apelles und machte den Versuch, weise über die Kunst zu sprechen, als Apelles ihm den Finger auf den Mund legte mit den Worten: „Da du schwiegst, ließen Gold und Purpur dich bedeutend erscheinen; aber nun lachen gar die Buben, die hier den Ocker reiben, über dein Geschwätz." [...]
Zudem gibt es unter den Vorzügen, denen die Menschen nachjagen, manche, die eher einander widersprechen als zusammenklingen. Denn wer zum Rednerruhm emporsteigen, wer den Wissenschaften dienen will, der bedarf der Ruhe und Stille. Fürstengunst und Staatsämter aber lassen sich nur in der Unruhe der Geschäfte erwerben. Es ist wahr: „Wein und übermäßiger Fleischgenuß macht den Körper stark und kräftig, aber den Geist schlaff." Wen die Sorge um das Geld und die Furcht um seine Aufbewahrung nicht verläßt, der wird Reichtümer sammeln; dagegen ist Verachtung und Geringschätzung des Reichtums eine gute Wegzehrung auf dem Wege zur Lebensweisheit. Es gilt also zu Recht das Wort: „Eines schickt sich nicht für alle." Selbsterkenntnis tut not, wie sie die Inschrift in Delphi fordert, und anstatt immer neuen Zielen im Leben nachzujagen und unserer Veranlagung Gewalt anzutun, müssen wir uns der Aufgabe zuwenden, für die uns die Natur geschaffen hat: „Das Pferd vor den Wagen, an den Pflug der Stier. Neben dem Schiff stürmt der Delphin daher. Wer aber dem Eber den Tod sinnt, der braucht den beherzten Hund." Wer sich ärgert, daß er nicht gleichzeitig einem Löwen, von dem es heißt

Trauend der eigenen Kraft, geht so der Löwe des Berges,

und einem Hündchen gleicht, das sich auf dem Schoß der Witwe hätscheln läßt, ist wunderlich. Aber vernünftiger ist der gewiß nicht, der verlangt, wie Empedokles, Platon oder Demokritos über das Weltall oder die Realität des Wirklichen zu schreiben und auch nach Euphorions Beispiel bei einer reichen Alten zu schlafen und wie Medeios mit Alexander zu zechen und zu schwärmen. Nur ein Tor kann sich ärgern, daß er nicht wegen seines Reichtums wie Ismenias und gleichzeitig wegen der Lauterkeit seines Wesens wie Epameinondas Bewunderung fand. Kein Läufer wird jemals darüber traurig sein, daß er nicht den Siegeskranz des Ringers erwirbt, er wird sich des seinigen mit glücklichem Stolz freuen. [...]

Wir verlangen also nicht, daß der Weinstock Feigen trägt und der Ölbaum Trauben. Wenn wir aber nicht alle Vorzüge der Reichen und Gelehrten, Heerführer und Philosophen, Schmeichler und Freimütigen, Geizigen und Verschwender zur gleichen Zeit besitzen, dann sind wir ungerecht und undankbar gegen uns selbst, voller Verachtung für unser ärmliches und kärgliches Leben, wie wir es nennen. Und doch sehen wir, daß die Natur selbst darin unsere Lehrmeisterin ist. Denn wie sie nicht allen Tieren dieselbe Nahrung gab, den einen Fleisch, den anderen Samen oder Wurzeln, so bunt ist auch das Leben, das sie den Menschen schuf,

*Dem Schafhirten und Pflüger und Vogelsteller und dem Fischer,
Den das Meer ernährt. [...]*

Es trägt aber jeder Mensch die Quellen der Ruhe und Unruhe seines Herzens in sich selbst, und die Urnen des Glücks und Unglücks stehen nicht „auf der Schwelle des Zeus", sondern in der Seele selber: könnten sonst die Leidenschaften der Menschen so verschieden sein? Denn der Tor sieht das Glück nicht, das vor seinen Füßen liegt, und achtet es nicht, weil er sich von seinen Gedanken immer in die Zukunft locken läßt; der Weise aber läßt längstvergangene Freuden in der Erinnerung wieder aufleben. Denn wenn die Gegenwart nur zu flüchtigem Genuß sich unseren Sinnen bietet, dann spürt der Tor nicht, daß sie doch sein ist und zu ihm gehört. Es gibt ein Bild, auf dem ein Mann in der Unterwelt aus Binsen ein Seil dreht und immer, was er fertig hat, von einem Esel auffressen läßt. Ebenso pflegt bei vielen Menschen stumpfe, undankbare Vergessenheit alles zu verschlingen, jede Tat und jeden Erfolg, alle glückliche Muße in fröhlicher Gesellschaft, jeden köstlichen Genuß zu vernichten und so die Einheit des Lebens zu zerstören, in der doch Vergangenheit und Gegenwart ineinander verflochten sind. Solche Vergessenheit trennt gleichsam das gestrige Leben von dem heutigen und das heutige wieder von dem morgigen und macht auf diese Weise alles Geschehen sogleich durch den Mangel der Erinnerung ungeschehen. [...] Wer aber das Vergangene nicht in seinem Gedächtnis treu bewahrt, sondern leise entrinnen läßt, der schafft in Wirklichkeit Tag für Tag in seiner Seele neue Armut und Leere und macht den heutigen Tag zum Sklaven des kommenden, als wenn alles, was vor einem Jahr, was vor Tagen, was gestern geschah, für ihn wesenlos oder überhaupt nicht geschehen sei.

Es gibt aber noch schlimmere Störungen für die Heiterkeit der Seele. Wie die Fliegen über die glatten Stellen eines Spiegels dahingleiten, bei Unebenheiten und Rauheiten aber sich aufhalten, so gleiten auch die Menschen über heitere, fröhliche Tage dahin und verweilen nur in der Erinnerung an die Unannehmlichkeiten, oder es geht ihnen gar wie den Käfern bei Olynth. Wenn diese dort an eine bestimmte Stelle, den „Käfertod", geraten, so können sie sich, wie die Sage geht, nicht mehr herausretten; soviel sie sich auch winden und drehen, so finden sie doch ihren Tod. Nicht anders wollen auch die Menschen, wenn sie einmal in die Gedanken an ihr Unglück versunken sind, sich nicht wieder daraus freimachen, um zur Besinnung zu kommen. Wie bei den Farben auf dem Gemälde soll man auch in der Seele das Heitere und Glänzende in den Vordergrund rücken und das Widerwärtige dahinter verstecken; denn es ganz auszulöschen und aus der Welt zu schaffen, ist nicht möglich. „Die gegeneinander strebende Vereinigung des Weltalls wie bei Leier und Bogen." So gibt es auch im menschlichen Leben nichts Reines und Einfaches. In der Musik kennt man ja auch hohe und tiefe Töne, in der Grammatik Vokale und Konsonanten: aber Musiker und Grammatiker werden nicht die eine Gattung verschmähen und verwerfen, sie müssen beide Gattungen zu gebrauchen und gehörig zu mischen verstehen. So gibt es auch im Leben oft genug Gegensätzlichkeiten im Geschehen: wozu über das eine trauern und jammern? Auch Euripides sagt:

Vom Guten sondert sich das Schlechte niemals ab;
Drum sei zufrieden, wenn die Mischung richtig ist.

Gleich geschickten Tonkünstlern sollte man daher das Schlimmere durch das Bessere verschwinden machen und das Böse so in das Gute hüllen, daß daraus eine melodische Harmonie unseres Lebens entsteht. Denn Menander hat sicherlich nicht recht, wenn er sagt:

Zu jedem Menschen tritt, wenn er geboren wird,
Ein guter Schutzgeist, um ihn auf dem dunklen Pfad
Des Lebens zu begleiten.

Es sind vielmehr zwei Parzen oder Schutzgeister, wie Empedokles sagt, die jeden von uns bei seiner Geburt in ihren Schutz nehmen, um uns zu leiten: „Da waren die Erdmutter und die weitblickende Sonnenjungfrau, die blutige Zwietracht und die ernstblickende Harmonie, Frau Schön und Frau Häßlich, Frau Hurtig und Frau Spät, die liebreiche Wahrhaftigkeit und die schwarzäugige Verworrenheit."

Da wir also den Samen aller dieser Leidenschaften seit unserer Entstehung in uns tragen und dadurch auch dieses Gegeneinander, so betet der Weise um das Gute, ist aber auch auf das Gegenteil gefaßt und weiß beides unter Verzicht auf das Übermaß zu gebrauchen. „Wer sich nach dem Morgen am wenigsten sehnt, geht ihm am fröhlichsten entgegen", lehrt Epikur. Aber ebenso werden Reichtum und Ehre, Macht und Herrschaft den am meisten beglücken, der vor dem Gegenteil am wenigsten zittert. Denn je heftiger die Begierde, um so heftiger die Furcht vor dem Verlust des Besitzes, und in solcher Stimmung kann die Freude am Besitz nur wie ein schwaches Flämmchen noch flackern. Wem aber seine Einsicht und Erkenntnis die Kraft gibt, ohne Furcht und Zittern zum Geschick zu sagen:

Freudig empfang' ich, was du verleihst. Doch klein ist die Trauer,
Scheidest du wieder von mir,

der wird die Gegenwart am fröhlichsten nutzen, weil ihm in seinem frohen Mut auch der Verlust nicht als unerträglich erscheint. Anaxagoras sagte bei dem Tode seines Sohnes: „Ich wußte, daß ich einen Sterblichen gezeugt hatte." Eine Haltung, aus der ein solches Wort gesprochen, sollte man nicht allein bewundern, man sollte sie sich zum Vorbild werden lassen und zu jedem einzelnen von den Glücksgütern sagen: „Ich weiß, daß ich den Reichtum nur für den Tag, nicht für immer besitze." „Ich weiß, daß die Männer, die mir das Amt gegeben haben, es auch wieder nehmen können." „Ich weiß, daß meine Frau ein rechtschaffenes Weib, aber nur ein Weib ist, und mein Freund nur ein Mensch, nach Platons Wort also auch nur ein leichtveränderliches Lebewesen." Wer sich zu solcher Haltung erzieht, wird nicht klagen: „Das hätte ich nicht gedacht!" oder „Ich habe mir so große Hoffnungen gemacht!" oder „Das hätte ich nicht erwartet!", wenn schließlich gegen alles Wünschen, aber nicht unerwartet das Unglück hereinbricht. Solche Haltung schenkt dem zitternden, klopfenden Herzen die Ruhe wieder und dämpft leicht die leidenschaftliche Erregung. Karneades hat die überaus wichtige Bemerkung gemacht, daß einzig und allein in der Überraschung, mit der unerwartete Ereignisse den Menschen überfallen, der Anlaß für Kummer und Sorge liegt. […]

Wenn auch unter den Ereignissen, die wir gegen unseren Willen über uns ergehen lassen müssen, manche ihrem Wesen nach uns bedrängen und bekümmern, so liegt es bei den meisten doch an alteingewurzeltem Vorurteil, wenn wir uns von ihnen bedrücken lassen. Man sollte sich daher stets Menanders kluges Wort vor Augen halten:

Kein Unglück trifft dein Herz, machst du es nicht dazu!

Denn was hat es mit Dir zu schaffen, wenn es weder Deinen Körper noch Deine Seele trifft? Was rührt Dich die niedere Herkunft Deines Vaters, das Vergehen Deiner Gattin, der Verlust des Ehrenkranzes oder Ehrensitzes? Und solltest Du das alles entbehren müssen, so braucht das den Menschen in seinem seelischen oder körperlichen Wohlbefinden nicht im geringsten zu behindern. Was uns aber seinem Wesen nach in Leid versetzt, Krankheit, Mühe und Arbeit, der Tod der Freunde und Kinder, dafür gilt Euripides' Wort:

*Weh mir! Doch wozu dieses Wort? Nur Menschenlos
Hat uns getroffen.*

Denn wenn unser Gemüt niedergedrückt und erschüttert ist, so liegt das beste Heilmittel in der Erkenntnis der allgemeinen Notwendigkeit, die in der ganzen Natur herrscht; mit ihr ist der Mensch als körperliches Wesen verbunden. Das aber ist die einzige Blöße, die er dem Geschick bietet. In den wichtigsten und vornehmsten Dingen steht er unerschütterlich da. […] Und wenn uns das Geschick alles rauben und wegführen sollte, so haben wir doch ein Gut in uns, das

Nie der Danaer Heer mir plündern könnte und rauben.

Deshalb soll man nicht zu gering denken von der Natur, als wenn es in ihr keine Festigkeit, keine Dauerhaftigkeit gäbe, als wenn sie nicht Herr über das Geschick werden könnte. Wir sollen im Gegenteil uns dessen bewußt sein, daß der morsche, hinfällige Teil des Menschen, der dem Geschick unterworfen ist, nur klein ist, daß wir selbst Herren unseres besseren Selbst sind, in dem die größten Güter fest gegründet stehen als die Führer zur Tugend, die richtigen Meinungen, nützliche Wissenschaften und Anschauungen, die niemand zerstören, niemand uns rauben kann. So können wir unüberwindbar und getrost dem Kommenden entgegensehen und können zum Schicksal sprechen wie Sokrates: als er scheinbar zu seinen Anklägern, in Wahrheit zu seinen Richtern sprach, sagte er:

„Anytos und Meletos können mich zwar töten, aber schaden können sie mir nicht." So können auch wir sprechen, denn das Schicksal kann uns Krankheiten schicken und Armut, kann uns verunglimpfen bei Volk oder Fürst; aber feige und kleinmütig, niederträchtig und neidisch kann es den Anständigen und Tapferen, den Hochherzigen und Edlen, den freien Mann nimmermehr machen. Niemals kann es uns die edle Gesinnung rauben, deren beständige Gegenwart im Leben uns dienlicher ist als der Steuermann auf der See. Denn der Steuermann kann Sturm und Wogen nicht beruhigen noch trotz aller Anstrengung den Hafen erreichen, auch wenn die Not noch so groß ist. Mit Furcht und Zittern muß er das Kommende erwarten. Aber solange er nicht alle Hoffnung aufgegeben, refft er die Segel, und mit der ganzen Gewandtheit des alten Seemanns versucht er, dem Tod zu entgehen, und solange „des Mastes Fuß aus dem dunklen Schlund des Meeres noch ragt", sitzt er zitternd und zagend da. Dagegen schenkt das Gemüt dem Weisen selbst bei körperlichen Schmerzen eine heitere Stille; Anzeichen von Krankheiten sucht es durch Enthaltsamkeit, vernünftige Lebensweise und angemessene Leibesübungen zu beseitigen. Wenn aber von außen der Anfang eines Übels droht, wie das Fahrwasser zwischen den Klippen, so führt es den Weisen „mit leichtem, behendem Segel" hindurch, wie Asklepiades sagt. Stürmt das Unheil unwiderstehlich auf uns ein, so ist der Hafen nicht fern, und man kann sich vom Körper durch Schwimmen retten wie von einem lecken Schiff.

Den Toren macht die Todesfurcht, nicht die Begierde zum Leben vom Körper abhängig. Daran klammert er sich wie Odysseus aus Furcht vor der unter ihm tobenden Charybdis an den Feigenbaum, denn der Wind „läßt ihn nicht bleiben und nicht segeln", das eine mißfällt ihm und das andere fürchtet er. Wer aber das Wesen der Seele ein wenig kennt, wer den Tod als die Pforte zu einem besseren oder wenigstens nicht schlechteren Sein betrachtet, der wird in der Furchtlosigkeit dem Tode gegenüber einen Weg finden auch zur Heiterkeit der Seele im Leben. Wer die Möglichkeit hat, unter der Herrschaft der Tugend und des besseren Selbst in ungetrübter Freude zu leben, wer überwältigt von feindlichem, übermächtigem Leid davongehen kann mit den Worten:

Ein Gott wird mich befreien, wenn mein Herz es will,

könnte man sich vorstellen, daß einem solchen noch Unangenehmes, Trauriges oder Furchtbares begegnen könnte? Wer den Mut hat zu dem Wort: „Dir bin ich zuvorgekommen, Geschick, und habe alle, auch die heimlichsten Pforten zu meinem Herzen dir verschlossen", der vertraut sich nicht Riegeln, Schlössern und Mauern an, sondern den Lehren der Vernunft, deren sich jeder bedienen kann, der guten Willens ist. [...]

Indessen schaudern viele vor Menanders Spruch:

Es wagt kein Sterblicher das Wort:
Ich bin vor diesem Leid geschützt!

Sie wissen ja nicht, wie wertvoll es für ein sorgenloses Leben ist, seine Gedanken in Zucht zu nehmen und dem Geschick offen ins Auge zu sehen, wie schmählich, in seiner Seele seine Vorstellungen zu verzärteln und zu verweichlichen, sie sozusagen im schützenden Schatten des Hauses mit feigen Hoffnungen aufzupäppeln, die niemals einen männlichen Widerstand wagen. Trotz alledem gibt es eine Antwort auf Menanders Spruch:

Es wagt kein Sterblicher das Wort:
Ich bin vor diesem Leid geschützt!

Dieses Wort darf der Sterbliche wagen: „Dies werde ich nicht tun. Ich werde nicht lügen, nicht in den Tag hineinleben, nicht rauben und stehlen, nicht heimtückisch handeln." So zu sprechen, ist uns gegeben, und das ist ein kräftiges Mittel, die Heiterkeit der Seele zu gewinnen, wie denn umgekehrt

Das Wissen um die Tat, die ich getan,

wie eine Wunde im Fleisch, in der Seele die blutig bohrenden Gedanken der Reue zurückläßt. Denn wenn der Verstand auch jede andere Traurigkeit überwindet, so ist er es doch, der die Reue hervorlockt. Die Seele muß sich nämlich selbst zu ihrer eigenen Beschämung quälen und bestrafen.

Schwerer leiden die Kranken, wenn sie in Fieberschauern von Kälte und Hitze gepeinigt werden, als wenn sie äußerlicher Kälte und Hitze ausgesetzt sind: so ist auch die Trauer über das Leid, das uns von außen zustößt, leichter zu ertragen. Wenn man aber in seinem Innern sich der eigenen Fehler beschuldigen muß:

Ach, ich selber bin schuld an dem Unglück, keiner der andern,

so eint sich Schuld und Scham zu schwerem Leid. Daher kann dann auch nicht der prunkvolle Palast, noch die Fülle des Reichtums, nicht der Adel der Geburt, noch die Würde des Amtes, nicht die Anmut oder Gewalt der Rede eine solche Heiterkeit und Ruhe über das Leben breiten, wie die lautere Seele, die keine bösen Worte noch Gedanken beflecken. Sie allein ist durch ihr Wesen die wahre und ungetrübte Quelle des Lebens. Aus ihr nur fließen die edlen Taten, aus denen die heitere Freude am Schaffen und Wirken im würdigen Stolz erwächst, dazu jene Erinnerung, die süßer und dauerhafter ist als die von Pindar gepriesene Hoffnung, des Alters Trost und Labsal. Weihrauchbüchsen pflegen nach Karneades' Wort, auch wenn sie geleert sind, noch lange den Wohlgeruch zu behalten. Ebenso lassen edle Taten in der Seele des Weisen immer köstliche, beglückende Vorstellungen zurück. In ihrem Segen erblüht die Freude und achtet nicht der Griesgrämigen, die das Leben als ein Jammertal oder als einen Ort der Verbannung für die Seelen schelten.

Des Diogenes Wort gefällt mir, das er sprach, als er einst in Lakedaimon einen fremden Gast sich voll Eifer auf ein Fest rüsten sah: „Ist denn für den guten Menschen nicht jeder Tag ein Festtag?" und wahrhaftig ein herrlicher, wenn nur unser Urteil klar ist. Denn der heiligste, einer Gottheit würdigste Tempel ist die Welt. In diesen Tempel wird der Mensch hineingeleitet bei seiner Geburt, nicht um Gebilde von Menschenhand, unbewegliche Götterbilder zu schauen, sondern um die sinnlichen Dinge zu betrachten, die der göttliche Geist, wie Platon sagt, als die Bilder der geistigen geschaffen hat. In sie hat er den Ursprung des Lebens und der Bewegung gelegt, die Sonne, den Mond und die Gestirne, die Quellen, die immer frisches Wasser hervorsprudeln lassen, und die Erde, die den Tieren und den Pflanzen Nahrung spendet. Daher soll denn das Leben als des heiligsten Geheimnisses ehrwürdige Weihe sich erfüllen mit Seelenruhe und fröhlicher Heiterkeit, aber nicht nach dem Geschmack der Massen, die auf die Feste des Kronos, Zeus oder der Athena nur warten, um sich der Freude und dem Genuß hinzugeben im erkauften Gelächter, das Schauspielern und Tänzern teuer genug bezahlt werden muß. Bei solchen Schauspielen sitzen wir wenigstens ruhig und schweigend da. Niemand jammert, wenn er sich in die heiligen Geheimnisse einweihen läßt, niemand weint, wenn er bei den pythischen Spielen zuschaut oder an den Festen des Kronos trinkt. Aber die Feste, die ein Gott selbst uns schenkt und heiligt, entweihen wir ohne Scheu und verbringen sie wieder und wieder in schwermütigen Klagen und leidigen Sorgen. Wenn die Instrumente jubeln und die Vögel lieblich singen, wenn die Tiere mutwillig spielen und springen, dann schauen wir mit Wohlgefallen zu, und wenn sie heulen, mit den Zähnen fletschen und mürrisch dreinschauen, fühlen wir uns belästigt. Allein wenn wir sehen, wie unser eigenes Leben freudeleer und traurig dahinfließt, wie es ohne Ende von den unerfreulichsten Leiden, Taten und Gedanken zu Boden gedrückt wird, so denken wir doch nicht daran, uns Erholung und Erleichterung zu schaffen. Selbst wenn andere uns mit Ratschlägen und Vorstellungen zur Seite treten, lehnen wir alles ab. Wollten wir uns doch nur nach ihnen richten, so würden wir gern uns in die Gegenwart fügen, uns der Vergangenheit mit Dank erinnern und voll heller, froher Hoffnung auf die Zukunft ein Leben ohne Furcht und Bangen leben.

Grundsätze der Stoa

Die vollkommenste Entwickelung der praktischen Vernunft, im wahren und ächten Sinne des Worts, der höchste Gipfel, zu dem der Mensch durch den bloßen Gebrauch seiner Vernunft gelangen kann, und auf welchem sein Unterschied vom Tiere sich am deutlichsten zeigt, ist als Ideal dargestellt im Stoischen Weisen. Denn die Stoische Ethik ist ursprünglich und wesentlich gar nicht Tugendlehre, sondern bloß Anweisung zum vernünftigen Leben, dessen Ziel und Zweck Glück durch Geistesruhe ist.

Arthur Schopenhauer

Grundsätze der Stoa – im Anschluß an Plutarch?

Kennern könnte der Einwand naheliegen: Wieso die Grundsätze der Stoa ausgerechnet im Anschluß an Plutarch? Hat nicht Plutarch die Stoiker verspottet? Das hat er allerdings. In seiner kleinen Schrift „Die Behauptungen der Stoiker sind ungereimter als die der Dichter" karikiert er in der Tat das populäre Zerrbild der Stoa. Ich gebe eine Kostprobe daraus, weil die Verkennungen, die Plutarch polemisch geißelte, durchaus auch heute noch im Umlauf sind. Außerdem ist meine Absicht klarzustellen: Was da Plutarch veralbert, ist die Stoa *nicht,* das haben falsche Freunde allenfalls aus ihr gemacht. Doch man soll die Stoa nicht verwechseln, sie verdient es nicht: Was sie lehrte ist zu ernst, zu nötig. Zumal zur Ruhe in sich selber dürfte niemand finden, der sich nicht von ihr belehren ließ – es sei denn, er fände von allein zu einer Einsicht oder Haltung, die der stoischen entspräche.

Nota bene wird sich zeigen: Die verbürgten Grundsätze der

Stoiker sind dem Denken von Plutarch nicht fremd; mehr noch: Sie stehen ihm zur Seite wie Geschwister.

In diesem Sinne: ein Ausschnitt aus der bissigen Satire, mit der Plutarch das verbreitet falsche Bild der Stoa bloßstellt. Bloß ist sie schön, in schein-heiliger Hülle ist sie lächerlich. Und nun Plutarch:

Die Stoiker hätten aus ihrem Weisen einen rechten Riesen gemacht, meint er ironisierend, einen „Lapithen" (das sind in der griechischen Sage die nordthessalischen Monster an Stärke und Unbesiegbarkeit, die im eisenharten Kampf selbst die Kentauren überwanden). In seiner immer gefaßten Haltung stehe der stoische Weise da, „wie aus einer demantenen Masse zusammengeschmiedet", zwar „nicht vor Verwundung, Krankheit und Schmerz sicher", aber doch „stets ohne Furcht und Harm; er bleibt, wenn auch verwundet, gepeinigt und gefoltert und wenn sein ganzes Vaterland zerstört wird und dergleichen Unfälle sich ereignen, unbesiegt und unbezwungen". Selbst im Kerker verliere „der stoische Weise ... seine Freiheit nicht; man stürze ihn von Felsen herab, er leidet keine Gewalt; man spanne ihn auf die Folter, er empfindet keine Qual; man hacke ihm die Glieder ab, er bleibt unverletzt; fällt er auch beim Ringen, so ist er doch noch unbesiegt; man schließe ihn mit Mauern ein, ihm gilt keine Belagerung; wird er von den Feinden verkauft, so ist er trotz allem kein Gefangener. Er gleicht den Schiffen, die mit dem Namen ‚Glückliche Fahrt' oder ‚Rettende Vorsehung' oder ‚Gute Hilfe' von Stürmen zertrümmert im Abgrund versinken."

Die Stoiker hätten einem Wahnbild gehuldigt: Aus dem Menschen, „dem schlimmsten Tiere", meinten sie, könne „ein Heros, ein Halbgott oder wohl gar ein Gott" werden, das rechte, tugendhafte Leben bringe ihnen den wahren Reichtum ein, verschaffe ihnen die Würde eines Königs, verleihe Glück ohne Ende, und das alles gelte selbst und auch für die, „die nicht eine einzige Drachme im Hause haben"... – was soll's, sie sind „glückselige Menschen, die nichts bedürfen und sich selbst genug sind".

Nehmen wir die Sache so vergnüglich und so spöttisch, wie Plutarch sie offenbar genommen hat: das ist Karikatur. Das ist die Stoa nicht. Doch was ist sie dann? Was sind ihre Grundsätze, die zur Ruhe des Gemüts, zum geprüften Einverständnis mit uns selbst, zur Gelassenheit der Seele führen?

Zur Beantwortung dieser Frage möchte ich mit einigen ihrer Grundsätze vertraut machen – nicht um „über" die Stoa zu reden (was den Stoikern selbst zuwider war, wie wir gleich hören werden), sondern um sie sprechen zu lassen und um zu hören, was sie uns zu sagen hat.

Damit ich aber den Gedankengang nicht unterbrechen muß, werde ich zuvor die Denker kurz vorstellen, die in diesem Kapitel zu Worte kommen. Da sind zunächst einige der „Gründerväter" der Stoa in Griechenland: Zenon, Kleantes und Chrysippos, die nur summarisch zitiert werden. Bekannter sind die späteren römischen Denker der Stoa. An erster Stelle genannt zu werden gebührt Epiktet, der „Hinzuerworbene" – er war der Sohn einer Sklavin. Geboren wurde er um 55 n.Chr. in Phrygien, als Junge wurde er nach Rom verkauft, dort war er das Eigentum eines seinerseits Freigelassenen Neros. Der förderte ihn und schenkte ihm schließlich die Freiheit. Epiktet starb im hohen Alter von ca. 80 Jahren. Sein berühmtestes Werk ist das *Encheiridion,* das „Handbüchlein der Moral", aus dem ich zitieren werde. Seneca hatte ich bereits kurz vorgestellt; es fehlt der dritte und weithin bekannteste der römischen Stoiker:

Marcus Aurelius Antonius [dt. Mark oder Marc Aurel]. Geboren im Jahre 121 in Rom, bestieg Marc Aurel als Vierzigjähriger den Kaiserthron. Während eines Feldzugs an der Donau starb er 180 unweit Wiens an der Pest. Sein bedeutendstes Werk – gr. ‚*ta eis heauton*', schlicht übersetzt: „An sich selbst" – sind die „Selbstbetrachtungen" oder „Ermahnungen an sich selbst". Auch aus ihnen werde ich zitieren.

Ich sagte, es gehe nicht darum, „über" die Stoiker zu reden, das sei ihnen selbst zuwider gewesen, vielmehr wollte ich sie sprechen lassen, um zu hören, was sie uns zu sagen haben, welchen Weg zur inneren Ruhe sie wiesen.

Das aber ist ein Vorsatz, der einem ihrer ersten Grundsätze entspricht: Ihr Ehrgeiz war nicht, "über Philosophie" Bescheid zu wissen; was sie suchten, war schwieriger und anspruchsvoller: philosophisch zu leben.

> Die Frage ist nicht: "Was ist das Gute?"
> Die Frage ist: Wie werde ich gut?

Erster Grundsatz:

Nicht die Philosophie ist wichtig, sondern philosophisch zu leben.

Hier ist nun freilich kein Grundsatz vorzustellen, dem allein die Stoa treu gewesen wäre, sondern philosophische Kritik an einer einseitig mit sich beschäftigten, im folgenlosen Denken oder konsequenzenfreien Spekulieren eingerichteten Fach-Philosophie der "Denkbeamten und Begriffsverwalter" hat Philosophie begleitet von ihren Anfängen in Griechenland bis zu Paul Feyerabend. (Von ihm stammt der zitierte Spott über die beamteten Verwalter der Begriffe und intern-philosophisch nobilitierten Denkens.)

Wohl aber läßt sich sagen, wenn eine "Schule" jene Trennung zwischen Denken dort und Leben hier nicht akzeptierte, über die sich Kierkegaard mokierte...

> "Im allgemeinen geht es den Philosophen..., wie es den meisten Menschen geht, daß sie im Grund zum täglichen Gebrauch in ganz anderen Kategorien existieren als denen, in welchen sie spekulieren, mit etwas ganz anderem sich trösten als dem, worüber sie feierlich reden."

… dann waren es die Stoiker. Das war kein Grundsatz, der zur stoischen Philosophie hinzukam, kein Anhang, keine Konsequenz; vielmehr war es das, worum es ging: Denken und Leben in Einklang zu bringen, darum philosophierten sie. Epiktet (aus seinem „Handbüchlein der Moral" zuerst, dann aus seinen „Unterredungen"):

Woran ein Philosoph zu erkennen ist
„Rede [...] nicht viel von philosophischen Überzeugungen, sondern handle danach. Ebenso sag während eines Gastmahls nicht, wie man essen muß, sondern iß, wie es sich gehört. [...] Und wenn unter gewöhnlichen Leuten die Sprache auf irgendein philosophisches Thema kommt, schweige, so gut es geht. Denn die Gefahr ist groß, daß du [etwas von dir gibst], was du selbst noch nicht verdaut hast. Die Schafe beweisen dem Hirten nicht dadurch, daß sie das Futter wieder von sich geben, wieviel sie gefressen haben, sondern sie tragen Wolle und geben Milch. So bring auch du keine philosophischen Überzeugungen unter die Leute, sondern beweise ihre Wahrheit durch Taten."

„Manche wollen, kaum daß sie einige philosophische Lehrsätze in sich aufgenommen haben, sie sogleich wieder von sich geben, wie Magenkranke die Speisen. Verdaue sie zuerst, dann brauchst du dich nicht zu übergeben; andernfalls werden sie dir in der Tat nur zu einem Brechmittel und zu einer unreinen, unverdaulichen Sache. Aber ob du sie verdaut hast, das wird sich an einer Veränderung deines Wesens erweisen, so wie man Athleten an ihren Armen ansieht, daß sie trainiert und tüchtig gegessen haben. Und genau so zeigt auch ein Künstler, was er gelernt hat. Der Baumeister sagt auch nicht: ‚Hört, wie ich über die Baukunst räsoniere', sondern er schließt seinen Vertrag über ein Haus, baut es und zeigt dadurch, daß er Baumeister ist. Mache du es auch so: Iß wie ein Mensch, trink wie ein Mensch, kleide dich, heirate, zeuge Kinder, führe das Leben eines Bürgers, halte die Schmähungen aus, ertrage einen unvernünftigen Bruder, einen Vater, einen Sohn, einen Nachbarn, einen Weggefährten. Zeige uns das, damit wir wissen, ob du wahrhaftig etwas von den Philosophen gelernt hast."

Wollen wir das auf die innere Ruhe übertragen? Die Frage ist nicht, wie wir von ihr denken sollen, sondern: Wie werde ich ruhig? Dabei mögen uns die weiteren Grundsätze der Stoa eine Hilfe sein.

> Was einen Menschen nicht schlechter macht,
> als er ist, das macht auch sein Leben nicht schlechter.
> *Marc Aurel*

Zweiter Grundsatz:

Beantwortung der Frage, worauf es ankommt: Für dich auf dich!

Das ist ganz und gar kein Grundsatz, der dem Egoismus das gute Gewissen machte oder uns nahelegte, nur noch um uns selbst zu kreisen, schon gar nicht um uns selbst, wie wir nun mal sind –, das tun wir sowieso schon zur Genüge...

Uns wird nichts abgenommen, sondern auferlegt, und das im urphilosophischen Sinn: Philosophie hat sich nie als Erleichterung empfohlen; eher noch erwarb sie sich die Liebe als tief respektvoller Anspruch, der überfordert. Lebensanleitend, als stoische Philosophie, will sie mit uns über uns hinaus, damit wir zu uns kommen, wo wir mit uns noch nicht sind. Am Ziel wären wir, wo wir uns so anträfen, wie wir uns feinsten Gewissens begegnen wollten.

Und nun wird Gelegenheit sein, diesen Grundsatz im Anschluß an Plutarch vorzustellen. Ich erinnere zunächst noch einmal an eine Passage aus seinem Brief an Serenus. Getrost könnten wir, sagt er, allem Kommenden entgegensehen, sofern wir uns zum Schicksal so zu stellen vermöchten, wie Sokrates dies getan habe. Der habe in seinem Prozeß erklärt: Seine Ankläger könnten ihn „zwar töten, aber schaden können sie mir nicht". Und dann fügt Plutarch den Kommentar an:

> „So können auch wir sprechen, denn das Schicksal kann uns Krankheiten schicken und Armut, kann uns verunglimpfen bei Volk oder Fürst; aber feige und kleinmütig, niederträchtig und neidisch kann es den Anständigen und Tapferen, den Hochherzigen und Edlen, den freien Mann nimmermehr machen."

Wie ist es möglich, so zu sprechen? Wie muß gedacht werden, damit eine solche Haltung verständlich wird?

Philosophien klären sich für uns auf, wenn wir begreifen, auf welche Frage sie sich als Antwort verstehen, was ihnen die *erste*, grundlegende, entscheidende Frage war. Und die Stoa, meine ich, wird verständlich, wenn wir sie als Beantwortung der Frage verstehen, *worauf es ankommt*. Ich könnte ebenso sagen: was letztlich wichtig ist. Und ihre Antwort war:

Für dich kommt es darauf an, daß du gut bist, daß du dich anerkennen kannst, daß du – berechtigt – auf dich selber stolz sein darfst, dich selbst zu respektieren Anlaß hast, daß du dir Freund sein und dich selbst als dieser schätzen, achten, lieben kannst und so dich freust, wenn du deiner selbst dir inne wirst.

Worauf es ankommt ist – mit nochmals andren Worten: so zu leben, daß wir uns selbst ins Auge sehen und vor uns bestehen können; daß wir zufrieden mit uns selbst sein dürfen – uns nicht mit uns zufriedengeben müssen.

Ziel ist, mit sich selbst im Einverständnis, in Harmonie mit sich zu leben. Einzig darauf, antwortet die Stoa, kommt es an; in erster Linie jedenfalls. Das zuerst ist wichtig, hat Gewicht, und darum geht's. Und das ist auch der Grundsatz, der dir gestatten wird, den Frieden deiner Seele, die Ruhe in dir selbst zu finden. So lautet bereits die alt-stoische Regel:

„Es kommt beim Menschen nicht darauf an, wieviel Acker er unter dem Pfluge hat, wieviel Geld er auf Zinsen ausleiht, wie viele ihm ihre Aufwartung machen, sondern wie gut er ist. Gut ist er aber, wenn seine Vernunft ausgebildet und aufrecht ist und den Tendenzen seiner Natur entspricht. Dann heißt sie Tugend, und die ist das Sittliche, das einzige Gut des Menschen."

Was hier gedacht und sich zu leben vorgenommen wurde, fällt keinem Menschen zu: Das setzt mir mich als höchstes Ziel, das mir nah und fern zugleich ist. Und wer erreicht sich schon? Eben darum: Sorge dich um dich. Ehre dich, indem du auf dich selbst Gewicht legst, dir selbst wichtig wirst – was genau nicht heißt, daß du dich „wichtig nimmst", schon gar „wichtig machst" im Wortsinn volkstümlicher Redensart. Als zugespitzteste Maxime, höchster Anspruch, weiter Griff zu dir hinauf: würdige dich. Dann verstehst du auch, was der Kaiser Marc Aurel sich selbst zu denken gab, indem er sich zur Selbstermahnung und Erinnerung notierte:

„Wie könnte das, was einen Menschen nicht schlechter macht, das Leben eines Menschen schlechter machen?"

Macht uns womöglich eine lange christliche Erziehung diesen „Standpunkt", daß da einer in sich selber Fuß faßt, unverständlich, eventuell „verdächtig"? Es ist in der Tat, wie ich im ersten Teil erläutert hatte, ein „stolzes" Bild, das sich der Stoiker von sich gestattet: Nur nimmt er sich nicht, wie er ist – das ist moderne Unart, mit der sich der moderne Mensch, wie Nietzsche sah, in Wahrheit klein macht, bis er am Ende jede Lust an sich verliert –, nein, er setzt sich selbst als Ideal „voraus", entwirft sich als den Weisen – der er, wie er weiß, nicht ist –, um sich selbst als Vorbild vorzuschweben. So weiß er, was er will, vor allem: was den Ausschlag gibt, worauf es ankommt. Er hat ein Ziel – und wenigstens als Ziel: sich selbst. Stärke ist dazu erforderlich, und: Stärke wächst so zu. Ruhe wird gesucht, doch zugleich gilt: Solcher Sicherheit im Wissen, was zu suchen ist, gesellt sie sich zu. Beim Fahrigen, der dies und das will, hier halb ist und dort halb, findet sie sich nie ein. Nur ein Leben, das gerichtet ist – im Doppelsinn des Wortes: als das beliebige, als das ich mich bloß vorgefunden habe, bin ich dem strengsten Urteil unterworfen, das zugleich der Freispruch ist für das, was mit mir werden will –, nur ein solches Leben, das seine Richtung fand, das sich in sich selber auskennt, weiß, wohin hinaus es geht, geht ruhig. Es findet in „den guten Fluß des Lebens". Es verzehrt sich nicht, es zehrt davon zu wissen, was ihm vorbestimmt ist. Es muß sich nicht ertragen, sondern wird getragen, indem es auf sich nimmt, was ihm als Auftrag zukommt; es schleppt sich mit sich selbst nicht ab, es trägt sich zu. Es wird sich selber das Ereignis, das die Ereignisse, die widerfahren, aufwiegt.

Wer dies denken kann versteht, was der Kaiser meinte, als er sich ermahnte:

„Denke bei allem, was dir Kummer bereitet, daran...: Dies ist nicht nur kein Unglück, sondern, es mutig zu ertragen, ist ein Glück."

Ist es nötig, mit Geschichten zu illustrieren, was hier als Richtigkeit – der wir uns, sofern wir nur darüber nachdenklich befinden, nicht entziehen können – erinnert und bekräftigt ist?

Ein Mensch gerät ins Unglück. Als Kind in Armut aufgewachsen, tüchtig, sehr begabt, erwirbt er sich die Förderung von Freunden. Er studiert, wird Unternehmer, reüssiert, erwirbt sich ein Vermögen, lebt im Überfluß, genießt die Macht. Endlich winkt „der Auftrag seines Lebens". Das große, krönende Geschäft – nahezu das Denkmal, das er, wie er meint, sich selber setzen wird –, ein Bauauftrag wird abgeschlossen: dies Projekt noch, dann ist ausgesorgt. Der Plan gerät ins Stocken, Unvorhersehbares meldet sich, das Kalkül zerplatzt, sein Unternehmen muß Konkurs anmelden. Jetzt steht sein Leben auf des Messers Schneide. Die Frage – wenn er sie als Frage auch nur stellt, ist er schon halb gerettet – lautet: Hat ihn das Schicksal widerlegt? Ist er zerbrochen, weil sein Unternehmen eingebrochen ist? Reißt ihn die Welt, die einstürzt, mit? Oder wird er sich im Sturz noch fangen? – was geschah, ich habe die Geschichte nicht erfunden, ich habe sie erzählt. Wird er *in seine Tiefe* fallen, oder wird er sich verzweifelt in die Tiefe stürzen? Das Unglück hat ihn, wie schon manchen andern, zu sich selbst gebracht, er hat für sich gewonnen, indem er sich gewann. Da gilt nicht, er habe Glück gehabt im Unglück – das setzt Äußeres bloß gegen Äußeres –, da gilt: Was ihm geschah, war Unglück; was er im Unglück aufbot, wurde ihm zum Glück.

Zurück zur Stoa. Davon wußte sie viel. Sie ließ sich vom Äußeren nicht blenden, sah dafür das Innere, das zählt. Ihr Bewußtsein war zu wissen, was wesentlich, was wichtig ist, worauf es ankommt. Der Philosophen-Kaiser Marc Aurel war darin Vorbild. Vor Jahren hat sich ein Politiker von Rang, Altbundeskanzler Helmut Schmidt, zu ihm bekannt. Mit seiner Laudatio will ich das Kapitel beschließen:

„Herakles oder Siegfried, Helden der griechischen und der germanischen Sagenwelt, sind mir in meiner Jugend so dargestellt worden, als ob sie nie Angst gehabt hätten – sie haben mich nie sonderlich angezogen. Vielmehr war es die ganz andere Figur des späten Römers Marcus Aurelius, der mir in Nazi-Zeit und Krieg am stärksten Halt gegeben hat in meinen Ängsten. Er wußte, daß Erfolg und Ausgang seiner Anstrengungen in Gottes Hand lagen; aber er wußte zugleich, daß es trotzdem seine Pflicht war, den sittlichen Geboten zu dienen, die er erkannt und anerkannt hatte. Mir schien immer erstrebenswert, seine Gelassenheit und zugleich seine Pflichttreue zu erreichen. Wenn wir heute in einer Zeit der Ängste leben – woher nehmen wir Hilfe, Vorbilder, woher Gelassenheit und woher Treue?"

Ich ergänze: Und wie sollen wir ruhig werden?

> Beste Art, sich zu wehren:
> sich nicht angleichen.
> *Marc Aurel*

Dritter Grundsatz:

Du mußt vor dir selbst, nicht vor der Menge bestehen.

So fern die Stoa der Lehre Epikurs steht, so wenig sie vor allem seine Neigung teilt, sich ins Kleine und Private, bloß Persönliche zu retten („Lebe im Verborgenen!"), so sehr sie also auch das öffentliche Wohl als Sache ansieht, die wir mit zu verantworten haben, so teilt sie doch die eine Überzeugung Epikurs: Liefere dich nicht dem Urteil der Menge aus. Was *en masse* gedacht wird, darfst du getrost als Irrtum betrachten, das Gerede ist überwiegend populärer Unsinn. Wie kommen wir also dazu, das Urteil der anderen über uns so wichtig zu nehmen? Sei dir selbst ein strenger und genauer Richter, sieh dir nichts nach, rede dich nicht vor dir selbst heraus (indem du etwa andere bezichtigst), sondern gehe mit dir selbst zu Rate, wie du dich besserst, welche Lehre du aus deinem Fehler ziehen wirst, und dann lerne noch, dir zu verzeihen, ohne dich auf deinen Schwächen auszuruhen – dann hast du es nicht nötig, dich um das Urteil anderer zu scheren: Das Geschwätz der Leute wird dich nicht aus der Ruhe bringen.

> „Wenn wir also in Schwierigkeiten geraten, unruhig oder betrübt sind, wollen wir also die Schuld nicht bei anderen suchen, sondern in uns […].
> Nur der Ungebildete neigt dazu, anderen Vorwürfe zu machen, wenn es ihm schlecht geht. Der philosophische Anfänger macht sich selbst Vorwürfe. Ein gebildeter Menschen hingegen schiebt die Schuld weder auf andere noch auf sich selbst."
> *Epiktet*

„Sei dir darüber im klaren: sobald du darauf achtest, wie du bei den Leuten ankommst, hast du allen Halt in dir verloren."

Epiktet

„Wenn du erkannt hast, daß du etwas Bestimmtes tun mußt, und es dann auch tust, dann scheue dich nicht, wenn man es sieht: Laß die Leute schlecht davon denken, das ist ihre Sache. Wäre das, was du vorhast, nicht in Ordnung, hättest du es selbst unterlassen. Ist es recht, was kümmerst du dich dann um das abschätzige Urteil der Leute? Sie irren sich eben."

Epiktet

„Wenn dich jemand schädigt oder schlecht über dich redet, dann tut er es wahrscheinlich im Glauben, er müsse es tun. Er tut nun mal nicht, was du, sondern was er selbst für richtig hält. Was folgt daraus, wenn er sich irrt? Er schädigt sich selbst, denn er ist es, der sich im Irrtum befindet.

So versteht jemand beispielsweise einen schwierigen, aber wahren Satz nicht und meint, das sei doch falsch. Ist damit nun der Satz erledigt, oder hat sich nicht vielmehr der blamiert, der da nicht verstanden hat?

Wenn du so denkst, wirst du auch nachsichtig sein dem gegenüber, der schlecht über dich geredet hat. Du sagst dir: ‚Es schien ihm eben richtig so.'"

Epiktet

Und Marc Aurel in seinen „Ermahnungen an sich selbst":

„Ich habe mich oft darüber gewundert, wie jeder sich selber mehr liebt als alle anderen Menschen, dagegen seine eigene Meinung über sich selbst geringer wertet als die der anderen über ihn. Wenn nun ein Gott oder ein verständiger Lehrer an jemanden heranträte und ihm befehlen würde, nichts bei sich zu sinnen und zu denken, was er nicht zu derselben Zeit auch laut äußern könnte, dann, glaube ich, hielte er das nicht einen einzigen Tag aus. So haben wir vor unseren Mitmenschen mehr Scheu im Hinblick auf das, was sie von uns denken, als vor uns selbst."

In derselben Weise ermahnt sich Epiktet:

„Wenn jemand deinen Leib dem ersten besten, der des Weges kommt, übergeben würde, wärest du gewiß empört. Daß du aber dein Herz jedem Beliebigen überläßt, und es sich dann, wenn du beschimpft wirst, aufregt und aus der Fassung gerät – dessen schämst du dich nicht?"

Die Stoa, wie im Grunde jede große Philosophie, hat gegen das Urteil der vielen immunisieren wollen. Ihr Grundsatz – nicht erst der Kants – war: Denke selbst. Auf der breiten Straße geht der Irrtum. Wer denkt wie die andern ist gedankenlos. Zwar erregt er keinen Anstoß, und er hat es bequem als Massentierchen in der Masse, doch der Preis, den er dafür entrichtet, ist hoch: Er zahlt sich selber drauf. Er wird zum Sklaven der üblichen Meinung, die ihn bald hierhin, bald dorthin wirft, je nachdem, wie der Wind sich dreht. Es war Seneca, der ein empfindliches Sensorium für dieses gewöhnliche Unglück hatte: Die Menschen suchen Schutz in der Menge – und sind ihr schutzlos ausgeliefert.

Seneca:
„Auf nichts also müssen wir mehr achten als darauf, nicht nach Art des Herdenviehs der vorauslaufenden Schar zu folgen: wir würden dann nur den meist betretenen, nicht aber den richtigen Weg wählen. Und doch verwickelt uns nichts in größeres Unheil, als daß wir uns nach dem Gerede der Menge richten, in dem Wahne, das sei das Beste, was sich allgemeinen Beifalls erfreut und wofür sich uns viele Beispiele bieten, und daß wir nicht nach Maßgabe vernünfti-

ger Einsicht, sondern des Vorganges anderer leben. Daher jene gewaltige Anhäufung stürzender Menschen, die einer über den anderen fallen. Was man bei tödlichem Menschengedränge sieht, wo die Menge sich staut und sich selbst zerquetscht – niemand stürzt, ohne zugleich einen anderen mit zu Fall zu bringen, und die Vordersten ziehen die Folgenden mit sich –, das kann man durchgängig im Leben beobachten. Keiner irrt nur für sich, sondern gibt zugleich Grund und Veranlassung zum Irrtum anderer. [...] Die Beispiele anderer werden uns zum Verderben. Wir können [aber] Heilung finden; nur müssen wir uns absondern von der großen Masse. [...]

Wenn es sich um das Lebensglück handelt, darfst du mir nicht mit einer Antwort kommen, wie sie bei den Abstimmungen im Senat üblich ist: ‚auf dieser Seite scheint die Majorität zu sein'. Denn eben darum ist sie die schlimmere. Wo es sich um Fragen der Menschheit handelt, sind wir nicht in der glücklichen Lage, sagen zu können, daß der Mehrzahl das Bessere gefalle: der Standpunkt der großen Masse läßt gerade den Schluß auf das Schlimmste zu. Wir müssen also fragen, was zu tun das Beste, nicht was das Gebräuchlichste ist, und was uns den Besitz ununterbrochen dauernden Glückes sichert, nicht was dem großen Haufen, diesem verwerflichsten Ausleger der Wahrheit, genehm ist. Zur großen Masse rechne ich aber ebensogut gekrönte Häupter wie Menschen im Kittel. Denn [...] ich traue nicht den Augen, wo es sich um den Menschen handelt; ich habe eine bessere und zuverlässigere Leuchte, um Wahres und Falsches zu unterscheiden. Es ist des Geistes Wert, den der Geist auffinden soll."

Seneca fährt fort: Sei der Geist aber „einmal dazu gekommen, ruhig auszuatmen und Einkehr in sich selbst zu halten", sei das erste, was er erkenne, die Wahrheit, daß unser bisheriges Leben in die Irre gegangen sei... Woran er das erkennt? Daran:

„Meine Freundschaft mit mir selbst steht noch auf schwachen Füßen."

> Was uns Menschen beunruhigt,
> sind nicht die Dinge,
> sondern unsere Urteile über die Dinge.
> *Epiktet*

Vierter Grundsatz:

Unterscheide: Dies geschieht, und dies ist meine Vorstellung davon.

Unruhig bin ich. Warum? Ich *mache* mir Sorgen. Ebenso heißt es: Ich *mache* mir Gedanken. Was die Sprache unauffällig aufdeckt, das ist die Lehre der Stoa: Wir sind es selbst, die uns unruhig machen. Die Dinge gehen ihren Gang; wir urteilen darüber; unser Urteil raubt uns die Ruhe. Wir widersprechen und sagen: „Die Dinge, die passieren, sind es, die uns keine Ruhe lassen." Doch was die Aufklärung dieses Irrtums betrifft, waren die Stoiker, Epiktet allen voran, unerbittlich. Die Medizin, die er verordnet, ist bitter. Sie ist gut für solche, die sehr krank sind.

Wie mit dem Körper, so ist es mit der Seele: Plagen sie Bagatellen, überläßt man sie am besten sich selbst und kümmert sich nicht darum; so kommt sie von allein ins Lot. Die schwere Erkrankung hingegen verlangt die strenge Medizin. Schmerzen behandelt die schmerzliche Kur. Zwei Texte von Epiktet:

> „Nicht die Dinge selbst, sondern die Meinungen von den Dingen beunruhigen die Menschen. So ist z. B. der Tod nichts Schreckliches, sonst wäre er auch dem Sokrates so erschienen; sondern die Vorstellung, der Tod sei etwas Schreckliches, das ist das Schreckliche.
>
> Wenn wir nun auf Hindernisse stoßen, oder beunruhigt, oder bekümmert sind, so wollen wir niemals einen andern anklagen, sondern uns selbst, das heißt: unsere eigenen Meinungen. – Sa-

che des Unwissenden ist es, andere wegen seines Mißgeschicks anzuklagen; Sache des Anfängers in der Weisheit, sich selbst anzuklagen; Sache des Weisen, weder einen andern, noch sich selbst anzuklagen."

„Sage nie von einem Ding: ich habe es verloren; sondern: ich habe es zurückgegeben. Dein Kind ist gestorben; – es ist zurückgegeben worden. Dein Weib ist gestorben; – es ist zurückgegeben worden. Dein Landgut wurde dir genommen. – Nun also auch dieses ist nur zurückgegeben worden. – ‚Aber der es dir genommen hat, ist ein Schurke.' – Was geht es aber dich an, durch wen es dir derjenige wieder abgefordert hat, der es dir gab? – So lange er es aber dir überläßt, behandle es als fremdes Gut, so wie die Reisenden die Herberge."

Das starke Beispiel kann blenden: Wir erkennen darin nicht leicht unser Leben wieder, sofern es im Rahmen gut dahinlief. Darum wird es gut sein, zur Ergänzung einen Alltagskenner zu Wort kommen zu lassen, einen Meister der kleinen Form nebenbei: Alain. Franzose, 1868 in der Normandie geboren, starb der Verfasser von mehr als 5000 „Propos" 1951 in Paris. Wer auf heiter leichte Weise die ruhige Stimmung seines Lebens fördern möchte, lese „Die Pflicht, glücklich zu sein", woraus das folgende Stück entnommen ist.

Alain: Im Regen

„Es gibt wahrhaftig genug wirkliche Übel; das hindert jedoch nicht, daß die meisten sie durch einen Akt ihrer Einbildungskraft noch vermehren. Kein Tag, an dem man nicht mindestens einem Menschen begegnet, der sich über seinen Beruf beklagt; und was er sagt, erscheint durchaus überzeugend; denn auszusetzen gibt es an allem etwas; nichts ist vollkommen.

Sie zum Beispiel sind Lehrer und beklagen sich darüber, daß Sie junge Dummköpfe unterrichten müssen, die sich für nichts interessieren; Sie sind Ingenieur und ersticken in Papierkram; Sie sind Rechtsanwalt und plädieren vor Richtern, die schlafen, anstatt Ihnen zuzuhören. Was Sie sagen, ist zweifellos wahr; diese Art Dinge kann man fast immer glauben. Wenn Sie dazu noch einen schlechten Magen und undichte Schuhe haben, dann verstehe ich Sie; beides zusammen ist Grund genug, das Leben und die Menschen zu verfluchen.

Sie müssen sich nur über eins klar sein: daß die Sache eine Schraube ohne Ende ist, daß nämlich Traurigkeit Traurigkeit erzeugt. Denn damit, daß Sie sich derart über Ihr Schicksal beklagen, vermehren Sie Ihr Unglück; Sie nehmen sich von vornherein die Möglichkeit, noch über etwas zu lachen, und selbst Ihr Magenleiden wird dadurch verschlimmert. Wenn Sie einen Freund hätten, der sich ähnlich bitter über alles beklagte, würden Sie zweifellos versuchen, ihn zu beruhigen und ihm die Welt in einem anderen Licht zu zeigen. Warum aber sollten Sie dieser Freund nicht auch sich selbst gegenüber sein? Jawohl, ganz im Ernst, man muß sich ein wenig gern haben und gut zu sich sein. Denn oft hängt alles von der ersten Einstellung ab, zu der man sich entschließt. Ein Autor der Antike hat gesagt, jedes Ereignis gleiche einem Krug mit zwei Henkeln, und es sei unklug, den Krug just an dem Henkel zu fassen, der einem in die Hand schneide. Der Sprachgebrauch hat immer den als Philosophen bezeichnet, der jedem Vorkommnis die beste Seite abzugewinnen weiß, denn einzig das hilft. Man muß für, nicht gegen sich Partei ergreifen. Wir sind alle so beredte Anwälte, daß wir auch Gründe zum Zufriedensein finden, wenn wir es darauf anlegen. Ich habe immer wieder beobachtet, daß die Menschen sich hauptsächlich aus Gedankenlosigkeit, zum Teil sogar aus Höflichkeit, über ihren Beruf beklagen. Wenn man sie dazu bringt, nicht von dem zu sprechen, was sie in ihrem Beruf auszustehen haben, sondern was sie in ihm leisten, werden sie zu entflammten Dichtern.

Eben zum Beispiel fällt ein kleiner Regen; Sie sind auf der Straße; Sie öffnen Ihren Schirm; das genügt. Wozu noch die Bemerkung: ‚Schon wieder dieser elende Regen!' Das macht weder den Regentropfen noch den Wolken, noch dem Wind das geringste aus. Warum also nicht gleich sagen: ‚Welch netter kleiner Schauer!' Ich weiß, Sie werden sagen, daß das den Regentropfen nichts ausmache; ganz richtig; aber es macht Ihnen selber etwas aus; es wird Ihnen davon warm werden; denn das ist die Wirkung auch der kleinsten Freudenregung, und Sie befinden sich in genau dem Zustand, in dem man sich nicht erkältet, wenn es regnet.

Und nehmen Sie die Menschen genau wie den Regen. Das ist nicht so leicht, werden Sie sagen. Und ob! Mit den Menschen ist es sogar noch leichter als mit dem Regen. Denn dem Regen macht Ihr Lächeln nichts aus, wohl dagegen den Menschen; die Höflichkeit läßt sie Ihr Lächeln erwidern, und schon das macht sie sogleich weniger traurig und weniger langweilig. Ganz davon abgesehen, daß Sie sehr leicht Entschuldigungen für sie finden, wenn Sie einmal in sich selber nachsehen. Mark Aurel sagte sich jeden Morgen: ‚Ich werde heute einem Eitlen, einem Lügner, einem langweiligen Schwätzer begegnen; sie sind so nur aus Unwissenheit.'"

(4. 11. 1907)

Wie wir also die Dinge ansehen, entscheidet. So gibt es Könner und Dilettanten des Blicks. Alain ist Virtuose.

Marc Aurel hatte sich die Ermahnung Epiktets in seine ruhigere Sprache so übersetzt:

„Wenn du wegen etwas Äußerem betrübt bist, so ist es nicht dieses Ding, was dich in Unruhe versetzt, sondern dein Urteil, das du darüber abgibst."

Stoischer Grundsatz:
Habe, als hättest du nicht.

Fünfter Grundsatz:

Gleichgültiges gleichgültig nehmen

Erinnern wir uns an Plutarch: „Reichtum und Ehre, Macht und Herrschaft", hatte er gesagt, beglückten uns „um so mehr, je weniger wir vor dem Gegenteil zittern, denn je heftiger die Begierde nach Besitz, um so größer die Furcht vor dem Verlust". Wer aber besitze und sich zugleich fürchte zu verlieren, der könne noch so viel besitzen: Seine Freude daran werde bald „wie ein schwaches Flämmchen im Winde flattern".

Oder: „Reichtum, Ruhm und eine angesehene Stellung" förderten Friede und Ruhe der Seele nur, sofern wir ihren Besitz „überlegen" hinzunehmen und ihren Verlust gelassen zu ertragen wüßten. Klingt das nicht nach der Weltüberwindungsformel des Apostels: „Haben, als hätte man nicht"?

„Leben, Gesundheit, Lust, Schönheit, Stärke, Reichtum, guter Ruf, hohe Geburt und so auch das ihnen Entgegengesetzte: Tod, Krankheit, Schmerz, Häßlichkeit, Schwäche, Armut, Mangel an Ansehen, niedere Geburt und dergleichen", das alles seien „keine Güter, sondern an sich gleichgültige (indifferente) Dinge *[adiaphora]*, die allenfalls in gewisser Hinsicht wünschenswert" seien (Seneca).

Ist das zu fassen? „Und ein gesundes Neues Jahr" wünschen sie sich und fügen an: Gesundheit sei doch das Wichtigste. Ist das wahr? Es gäbe keine gesunden Schwachköpfe – und im Gegensatz dazu Kranke, die wir bewundern, ehren, lieben? Nichts, schreibt Seneca im Trostbrief an seine Mutter, erwecke in uns „eine gleich große Bewunderung ... wie ein Mensch, der im Elend stark bleibt".

Leben oder Tod – nicht darauf komme es an? Worauf dann? Wie

du lebst und wie du stirbst. Ob schön, ob häßlich – sei einerlei? Ich mag nicht wiederholen, was bereits zu Gesundheit und Krankheit gesagt wurde...

Sehen wir uns eines jener „adiophora" oder „mittleren Dinge", die an sich weder gut noch schlecht sind, sondern etwas Unentschiedenes in der Mitte, etwas genauer an: Reichtum und Armut. Sollte es tatsächlich schwer sein zu verstehen, was uns die Stoa zu denken geben will?

> „Was nun die ‚Güter' dieses Lebens anlangt, die sind vergänglich und nichtig. Können sie doch der Besitz eines Lüstlings oder einer Dirne oder eines Räubers sein!"
>
> *Marc Aurel*

Könnten sie doch das Eigentum jedes Beliebigen sein..., damit ist das meiste richtiggestellt. Vielleicht empfiehlt es sich trotzdem, dem Ausgesprochenen eine schärfere Wendung zu geben, die das Verständnis fördert: Können doch die Vermögenden abgebrühte Typen, skrupellose Geschäftemacher oder gerissene Abzocker sein. Und nun? Wollen wir sie ihres Vermögens wegen bewundern oder beneiden? Wer es täte, wüßte nicht, worauf es ankommt. Er verstünde nicht, was jedes Kind versteht, dem wir „Das kalte Herz" von Hauff vorlesen, die Geschichte des Toren, der – im dämonischen Handel – den Besitz „aller Güter" (als da ist: Geld im Überfluß, eine lukrative Fabrik, Ansehen, Frauen etc.) gegen sein Herz eintauscht. Diese Geschichte ist erläuterter Stoizismus.

In der Stoa ist so radikal gedacht und gesprochen worden, wie sonst nur in den Evangelien: stoisch im Blick auf die Ruhe der Seele, christlich im Blick auf ihre Seligkeit.

„Ich sage euch: Es ist leichter, daß ein Kamel durch ein Nadelöhr gehe, als daß ein Reicher ins Reich Gottes komme." Oder: „Niemand lebt davon, daß er viele Güter hat" – und dann erzählt der Nazarener das Gleichnis vom reichen Bauern, der seine Scheuer füllt und zu sich sagt: „Liebe Seele, du hast einen großen Vorrat auf viele Jahre; habe nun Ruhe, iß, trink und sei guten Muts." Dem wird beschieden: „Du Narr! Diese Nacht wird man deine Seele von dir fordern; und wes wird's sein, das du bereitet hast?"

Was wird denn da gesagt? Nicht deine Güter, du wirst gewogen. Und deine Güter wiegen nichts auf, wirst du für zu leicht befunden.

Der „Erfolg" als Exempel. Wer wollte nicht Erfolg haben, erfolgreich sein? Doch eine Falle droht, ein verbreiteter Irrtum: Der Erfolg mag „gut" sein, aber mit ihm ist noch nicht ausgemacht, daß der Erfolgreiche gut ist, schon gar nicht das, was ihm den Erfolg eingebracht hat. Leicht verkauft ein schlechtes Stück sich besser als ein gutes. Und manchem ist der Erfolg versagt, nicht obwohl er gut, sondern weil er gut ist. Nun aber hätte einer geschlossen, weil er Erfolg habe, sei er gut. Was ist, wenn der Erfolg ausbleibt? Er hätte sich abhängig gemacht von einem Urteil, über das er nichts vermag, und so wird er den Glauben an sich verlieren.

Seneca schrieb seinem Bruder, selbstverständlich wisse auch er den Reichtum (über den Seneca, nebenbei bemerkt, verfügte) zu schätzen. Der Unterschied aber sei: Wenn sein Bruder seinen Reichtum verliere, dann sei zu befürchten, das er alles verloren habe. Hingegen wenn ihm der Reichtum genommen werde, sei ihm nichts als der Reichtum genommen. „Kurz, ich bin Herr des Reichtums, du sein Sklave."

Mit so schneidender Entschiedenheit wurde stoisch richtiggestellt, was uns in der Prosa des Alltaglebens allzu leicht aus dem Blick gerät.

Und es wird der Ruhe der Weg gewesen: Woran du dein Herz hängst, darum wirst du bangen. Die meisten Dinge aber sind es nicht wert, daß du dich ihretwegen verzehrst. Du mußt es umgekehrt machen: Deine Sache ist es, sie zu verzehren. Und nun findet Marc Aurel ein großartiges Bild: Ein gesunder Magen verdaue jede Speise, so „wie eine Mühle alles mahlt, was zu mahlen geht". Ebenso verfahre eine gesunde Seele mit allem, was ihr widerfährt: „wie der kräftige Magen alles verdaut und wie ein heftiges Feuer, das Flamme und Licht aus allem macht, was du auch hineinwirfst".

So wird von den gleichgültigen Dingen, denen wir zu viel Macht über uns einräumen, wenn wir uns an sie hängen, angemessen gesprochen: Wie das Feuer das Holz verbrennt, sollen wir sie nehmen und verzehren – so bringen wir sie zum Leuchten.

„Das Leben in der bestmöglichen Weise verbringen: die Macht dazu liegt in der Seele, wenn man sich gegenüber den gleichgültigen Dingen gleichgültig verhält."

Marc Aurel

Zuletzt noch einmal, anspielungsreich, das stoische „haben, als hätte man nicht" – von dem die Stoa expressis verbis freilich nie gesprochen hat – in letzter Zuspitzung:

„Leib und Seele sind nur insofern dein, als du Sorge für sie tragen sollst."

Marc Aurel

> Verlange nicht, daß das, was geschieht,
> so geschehe, wie du es willst,
> sondern wolle, daß das, was geschieht,
> so geschehe, wie es geschieht,
> und du wirst glücklich sein.
>
> *Epiktet*

Sechster Grundsatz:

Wolle, was geschieht.

Einverständnis mit dem Schicksal, Ja-Sagen zu dem, was uns bestimmt ist, anerkennen, was geschieht, dem, was abverlangt wird, zuzustimmen lernen, das Unabwendbare und Notwendige lieben – die Einübung in diese Haltung, hatte ich gesagt, sei womöglich „das Mark aller Philosophie".

Doch das übt sich nicht nur schwer, das kann der Kopf, der durch die Wand will, zunächst einmal nicht fassen. Erst recht nicht heute, denn in der Schule hieß das anders: Schon das kleinste Köpfchen war befugt, die Welt zur Rechenschaft zu ziehen, was es auch sei, war Gegenstand, über den das Urteil eines kritischen Bewußtseins aufklärt. Was immer ist beziehungsweise war stand unter Vorbehalt: ob unser Kopf es will, und seine Sache sei es, ob er es so will oder anders. Alles soll so sein, wie wir es wünschen; das ist die Devise der modernen Welt. Was nicht nach Wunsch ist, wird nach Wunsch geändert. So die Maxime, die ihren Rechtsgrund in der Überzeugung hatte: Der Mensch sei Herr der Welt, was er noch nicht beherrscht, das wird er zu beherrschen lernen. Der Mensch macht sich die Erde untertan, schafft sie sich nach seinem Bilde. Am Ende wird sie sein, wie sich der Mensch sie ausgedacht hat – die Welt als seine Vorstellung und ganz nach Wunsch.

Doch manchen ist die Sache nicht geheuer. Was Sicherheit verschaffen sollte – die Welt entzaubert, die Natur gezähmt, das

Schicksal abgeschafft, und was geschieht, geschieht nach Plan –, macht manchen Angst. Die Stimmung, die heraufzieht, drückt ein Aphorismus aus, den Jerzy Lec lanciert hat:

„Mißtraut den Menschen. Sie sind großer Taten fähig."

Was geht da vor? Einst war alles Schicksal, dann schien alles machbar, inzwischen wird das Machen und Gemachte selbst zum Schicksal. Einstmals war der Mensch der Unterworfene, dann begann er als „der erste Freigelassene der Schöpfung" (Herder) sich seinerseits die Welt zu unterwerfen, und nun entdeckt er, daß er den Instrumenten seiner Herrschaft unterworfen ist: Die Maßnahmen zur Überwindung des Verfügten werden ihrerseits zum Fatum. Der Mensch ist nun nicht mehr wie am Anfang der Natur, sondern seiner Herrschaft über die Naturgewalten ausgeliefert. Nicht mehr das unvordenkliche Geschick, der Gott, die Götter, sondern die eingerichteten Verhältnisse verlangen, daß der einzelne sich ihnen fügt und modelt, wie die Umstände ihn brauchen.

Der Mensch als Zauberlehrling – und kein Meister, nach dem sich rufen ließe. Auch ist da niemand, der den Zauberspruch gesprochen hätte – denn was im Gange ist, ist als Resultat des Planens, Wollens und Entscheidens gar nicht mehr zu deuten. Selbst die „Macher" machen nur noch mit. „Es" geschieht, „die Zeit" verlangt, „die Entwicklung" bringt es mit sich, „die Umstände" gebieten, „der Gang der Dinge" macht erforderlich – und währenddessen wird der Mensch sich selbst unheimlich... Es ist, als ginge ihm allmählich auf, was das abgefeimte Schlitzohr Mephistopheles gemeint hat, als er im „Faust" dem fahrenden Scholaren das „Eritis sicut Deus", „Ihr werdet sein wie Gott", ins Stammbuch schrieb und hämisch kommentierte:

Folg' nur dem alten Spruch und meiner Muhme, der Schlange,
Dir wird gewiß einmal bei deiner Gottähnlichkeit bange!

Das ist unser Fall. Er wird es immer mehr. Und währenddessen dürfte manchem, was ihm als Schulweisheit vermittelt worden war, zweifelhaft geworden sein...

Die Auskunft aber, die die Stoa gab, läßt sich wieder hören. Sie erhält sogar, anders als dem „kritischen Bewußtsein" je zu denken möglich war, einen Auftrag der Kritik: an der Bedenkenlosigkeit der Machenschaften nämlich, mit der der Mensch zu Werke ging – und geht.

Die Voraussetzung, durch die er sich ermächtigt glaubt, ist fraglich: Die Welt als bloßer „Gegenstand", *res extensa,* eine ausgedehnte, vielfältig verklumpte Masse, Materie, Material; als „alles, was der Fall ist"; als das, was vorliegt, gegeben ohne Geber; eine Fülle nackter, an sich selbst bedeutungsloser Fakten; ein Riesenhaufen unsinniger Dinge, die, an sich selber zwecklos, ohne eigenen Zusammenhang und Anspruch bloß vorhanden, einfach „da sind", zur Verfügung stehen zur Verwendung, zur Verarbeitung und Nutzung, als Werkstoff, Rohstoff, überhaupt als Stoff, den wir gebrauchen und verändern, aus dem wir machen, was beliebt; als Objekt der Forschung, als Ressource für die technische Verwertung, als Sache zur Befriedigung beliebiger Bedürfnisse. Die Hypothese, die dem Experiment moderner Weltbemächtigung den Weg freimachte, lautet, daß uns die Welt nichts sagt und nichts bedeutet, sie ist sinnlos – ein Gemisch aus Zufall und Gesetz, Chaos und Struktur. Da ist kein Geist, der ordnet, keine Wahrheit, die sich in den Dingen offenbare, keine innere Vernunft, die sich als Wirklichkeit entfaltete, kein Logos, der sich als Welt entwickelt hätte, kein Zusammenhang des Kosmos, keine unverbrüchlich gültige und rechte Ordnung, der wir zu entsprechen hätten, und kein gefügtes Ganzes, dem wir angehörten. Die Welt „hat keinen Sinn für uns", auf den wir achten, den wir beachten, den wir erfüllen oder eben auch verfehlen könnten, für den wir danken dürften.

Die Stoa dachte anders. Hören wir den Kaiser Marc Aurel:

„Geordnete Welt oder zusammengemischter, ungeordneter Brei? Offensichtlich eine geordnete Welt. Kann etwa in dir eine Ordnung, im All aber eine Unordnung bestehen, wo doch alles derart voneinander unterschieden, entfaltet und sympathisch miteinander verbunden ist?"

Ihre Sicht war: Was geschieht ist Fügung, Weisung, Anspruch; was sich ereignet, wird uns zugemutet; was uns bestimmt ist, will vernommen und verstanden werden; das Ganze, eins in allem, galt ihnen als uns zugedachte Frage: wir genügen ihr, indem wir mit unserem Leben die Antwort geben. Darin fänden wir zur Ruhe.

Marc Aurel notierte sich:

„Die Welt als *ein* Lebewesen, das *eine* Substanz und *eine* Seele umfaßt, dauernd in Gedanken haben, und wie alles in das *eine* Weltbewußtsein aufsteigt, und wie sie mit *einem* Trieb alles bewirkt, und wie alles Mitursache von allem ist, was geschieht, und welcher Art die Verwebung und Verflechtung ist."

„Was auch immer dir begegnet, ist für dich vorgesehen, von Anfang an, die Verflechtung der Ursachen verkettete vom Beginn der Zeit an, daß es dich gibt und dieses Begebnis."

„Du mußt, was dir begegnet, lieben, denn es geschieht dir, weil es dir zugedacht war und in Beziehung steht zu dir: von oben ist es, seit Urzeiten, mit dir zusammengesponnen."

„Was dir begegnet und das Schicksal dir bestimmt hat, lieben. Was wäre angemessener?"

„Was sich uns aber geradezu in den Weg stellt, betrachten wir als ein Mittel zu unserer Übung – der Flamme gleich, die sich auch solcher Stoffe zu bemächtigen weiß, die ein kleineres Licht ersticken und auslöschen würden. Ein kräftiges, helles Feuer aber nimmt an, was es bekommt, verzehrt es und wird größer dadurch."

Und Epiktet:

> „So war die Natur des Kosmos, so ist sie, und so wird sie sein. Es ist unmöglich, daß das Geschehende anders geschieht, als es geschieht. Und an diesem Wandel und Wechsel nehmen nicht nur wir Menschen und die übrigen Wesen auf der Erde teil, sondern auch die göttlichen Dinge, und selbst die … Elemente … Wenn du darauf deinen Sinn zu richten verstehst und bereit bist, das Notwendige anzuerkennen, wirst du ein vernünftiges und harmonisches Leben führen."

Vom Kosmos, der alles einschließenden Fügung, wußte der Stoiker nicht, er glaubte daran – und bekannte seinen Glauben hymnisch:

> „Alles gehorcht dem Kosmos, alles dient ihm: die Erde und das Meer, die Sonne und die übrigen Gestirne, die Pflanzen und alle Lebewesen der Erde. Ihm gehorcht auch unser Körper, der krank und gesund ist nach dem Willen des Kosmos, blüht und verwelkt im Werden und Vergehen. Darum ist es vernünftig, daß auch das, was in unserer Gewalt steht, nämlich unser Urteil, ihm nicht widerstrebt. Denn der Kosmos ist gewaltig und stärker als wir und hat einen besseren Plan für unser Dasein gefaßt, als wir es verstünden, indem er wie über das Ganze so auch über uns waltet. Ihm zu widerstreben wäre unvernünftig und führte zu nichts: Wir sträubten uns vergeblich und erlitten Schmerz und Kummer."

Die äußerste Probe, die unserem Einverständnis mit dem Gefügten abverlangt wird, ist zweifellos der Tod. Darum abschließend zu den Grundsätzen der Stoa noch einmal Marc Aurel, der seinerseits so sein Gespräch mit sich selbst beschloß:

> „Wenn aber dein Ende kommt, dann scheide in Frieden. Denn Friede ist bei dem, der dich abruft."

Im Anschluß an die Stoa: Aus einem Brief des Horaz

Studiere die Bücher der Weisen und frage, wie du den Weg deines Lebens geruhsam zu gehen vermöchtest.
Prüf, ob du ewig gehetzt und gequält wirst von Gier und von Ohnmacht oder von bebender Hoffnung auf Güter von mäßigem Nutzen.
Forsche: Ist Tugend erlernbar? Geschenk der Natur? Was kann Sorgen mindern und läßt zu dir selber dich finden? Was ist in der Lage, wirkliche Ruhe zu schenken? Die Ehre? Ein hübsches Gewinnchen? Oder ein Pfad, der im Abseits des Lebens Verborgenheit sichert?

Mich erquickt der Digentia kühlendes Naß, das Mandelas Bergbauern trinken, vor Kälte erschauernd, mit Runzeln im Antlitz:
Ahnst du, mein Freund, was dabei ich empfinde und was ich erbitte?
‚Möge mir bleiben, was jetzt ich besitze, auch weniger noch; mir selbst möcht ich leben den Rest meiner Zeit, den die Götter mir gönnen; reich sei mein Vorrat an Büchern, an Korn, daß es langt bis zur Ernte; fern sei mir rastloses Hoffen, das Warten auf unsichre Zukunft!'
Aber genug nun, von Zeus zu erflehn, was er gibt oder fortnimmt: Leben nur schenk er und Güter! Den Gleichmut will selbst ich mir schaffen.

Michel de Montaigne, ein stoischer Skeptiker

Was Montaigne inmitten der Bewegtheit des Reformations-Geistes bedeutet hat: „ein In-sich-zur-Ruhe-Kommen, ein friedliches Für-sich-Sein und Ausatmen –"

Friedrich Nietzsche

Und wo bleibt Epikur, der doch nun wirklich seine Ruhe liebte wie nichts sonst, der – dem verbreitetsten Vorurteil zuwider – noch jede Lust dem Seelenfrieden aufgeopfert hat? Epikur, dessen „Verhaltensregeln" noch heute „jeder Spießerverein rundweg als Satzung übernehmen" könnte (M. Hossenfelder), der vor allem Urahn aller modernen Seelenbetreuung, Psychobesserung und therapeutischen Lebensertüchtigung ist?

Epikur behandelt man schonend, indem man ihn übergeht, möglichst kein Aufhebens von ihm macht und ihn „seinen" Leuten überläßt, die noch immer in seinem Kielwasser schwimmen. Die Götter haben sich um ihn nicht gekümmert – wie er sich, um Ruhe vor ihnen zu haben, vorgebetet hat –, so sollten auch wir uns nicht um ihn kümmern.

Eine – im Gegensatz zur Angelegenheit Epikur – ernstere Frage ist: Was ist mit den Skeptikern der pyrrhonischen Schule? Sie in der Tat hätten in einem Buch zur inneren Ruhe einen Sonder- und Ehrenplatz verdient. Auch ihnen war zuerst, zumeist und zuletzt an der Ruhe ihrer Seele und einer friedlich unbehelligten Lebensart gelegen, welche sie in erster Linie durch den Streit der Meinungen und Dogmen, durch alle Art Überzeugungsfanatismus, Glaubensinbrunst und Missionsbesessenheit gefährdet sahen.

Ihr Kunstgriff: die Urteilsenthaltung, das Balancieren aller Pros und Kontras auf der Waage, und zwar so, daß der Balken möglichst in der Waagerechten bleibt, ihr Votum für ein „Unentschieden" wie ihre Ruhe und Geduld, mit der sie zu vertagen wußten, was ihnen zu entscheiden Unbehagen machte – das alles hätte eigentlich hierher gehört.

Doch um im Sinn der Skepsis selbst zu reden: Die Kunst, zu Ruhe und Gelassenheit zu finden, ist vielfältig und lang, der Platz in einem Buch jedoch beschränkt. Oder auch: jedes Buch ist endlich. Und wie wird man dieser Endlichkeit gerecht? Indem man wegläßt. Diesmal trifft's die Skepsis. Eine einzige Notiz – vom Meister der Kürze: Lichtenberg – soll für sie sprechen:

„Nichts kann mehr zu einer Seelen-Ruhe beitragen, als wenn man gar keine Meinung hat."

Außerdem: *Eine* Spielart der Skepsis wird sehr wohl in diesem Buch vertreten sein, eine unvergleichlich eigenständige und unverwechselbare, vorzüglich heitere, gelassene und menschenfreundliche aus Nachsicht mit der Schwäche und Gebrechlichkeit der menschenüblichen Verfassung – die stoisch skeptische und skeptisch stoische Michel de Montaignes: Auf eine Denkmünze hat er die Sentenz prägen lassen „Je m'abstiens" („Ich enthalte mich"). Und Nietzsche lasse ich den „Moderator" machen – wir werden sehen, wie sich unter seiner Führung die Teile dieses Buches zu einem Ganzen zusammenfinden...

Das erste, was wir in seinem – Nietzsches – wie im Sinne von Montaigne und seinem Wahlspruch ‚Que sais-je?' („Was weiß ich?") in Fragezeichen setzen, ist das Bedürfnis, das Seele, Herz, Gemüt und Geist „um jeden Preis" in Ruhelage bringen möchte.

Wo der Wunsch nach Ausgleich, Gleichgewicht, Entspannung, Harmonie, stillem Wasser, austarierter Stimmung, verträglichen Affekten und geglätteten Begierden ohne allen Widerspruch das Monopol im Lebensführungsregiment erhält, möchte man vermuten, daß intellektuelle Lebensmüdigkeit von Höhlen und Verstecken träumt, um sich zum Winterschlaf zurückzuziehen. Wahrscheinlich ist das Klima kalt, das Wetter rauh und ungemütlich, da soll drinnen wenigstens die Kerze brennen, und daheim hat man's gern kuschelig. Friedrich Nietzsche, *Richard Wagner in Bayreuth* (4. „Unzeitgemäße Betrachtung"):

„Man kann sich durch nichts mehr von der ganzen gegenwärtigen Zeit abheben als durch den Gebrauch, welchen man von der Geschichte und Philosophie macht. Der ersteren scheint jetzt, so wie sie gewöhnlich verstanden wird, die Aufgabe zugefallen zu sein, den modernen Menschen, der keuchend und mühevoll zu seinen Zielen läuft, einmal aufatmen zu lassen, so daß er sich für einen Augenblick gleichsam abgeschirrt fühlen kann. Was der einzelne Montaigne in der Bewegtheit des Reformations-Geistes bedeutet, ein In-sich-zur-Ruhe-Kommen, ein friedliches Für-sich-Sein und Ausatmen – und so empfand ihn gewiß sein bester Leser, Shakespeare – das ist jetzt die Historie für den modernen Geist." Dabei aber werde die Historie zum „Opiat gegen alles Umwälzende und Erneuernde".

„Ähnlich steht es mit der Philosophie: aus welcher ja die meisten nichts anderes lernen wollen, als die Dinge ungefähr – sehr ungefähr! – verstehen, um sich dann in sie zu schicken. Und selbst von ihren edelsten Vertretern wird ihre stillende und tröstende Macht so stark hervorgehoben, daß die Ruhesüchtigen und Trägen meinen müssen, sie suchten dasselbe, was die Philosophie sucht." Doch als Angebot, aus ihr „Einschläferungssäfte zu saugen", habe die Philosophie sich nie verstanden. – Das ist wahr.

Und um beiläufig bereits in eine Stimmung einzuführen, die uns bei Montaigne erwartet, schiebe ich noch eine Warnung Nietzsches ein: vor einem allzu verträglich-sanften Philosophie-Verständnis nämlich:

„Ich denke, von dem, was das Volk unter Weisheit versteht (und wer ist heute nicht ‚Volk'? –), von jener klugen kuhmäßigen Gemütsstille, Frömmigkeit und Landpfarrer-Sanftmut, welche auf der Wiese liegt und dem Leben ernst und wiederkäuend *zuschaut* – davon haben gerade die Philosophen sich immer am fernsten gefühlt, wahrscheinlich weil sie dazu nicht ‚Volk' genug, nicht Landpfarrer genug waren."

Doch nun zu Montaigne, von Nietzsche vorgestellt, und dies in der schönsten Weise so, daß sich zugleich noch einmal ein Anschluß an Plutarch ergibt. In seiner dritten „Unzeitgemäßen Betrachtung", „Schopenhauer als Erzieher", kommt er auf den Gascogner zu sprechen:

„Ich weiß nur noch einen Schriftsteller, den ich in betreff der Ehrlichkeit Schopenhauer gleich, ja noch höher stelle: das ist Montaigne. Daß ein solcher Mensch geschrieben hat, dadurch ist wahrlich die Lust auf dieser Erde zu leben vermehrt worden. Mir wenigstens geht es seit dem Bekanntwerden mit dieser freiesten und kräftigsten Seele so, daß ich sagen muß, was er von Plutarch sagt: ‚kaum habe ich einen Blick auf ihn geworfen, so ist mir ein Bein oder ein Flügel gewachsen.' Mit ihm würde ich es halten, wenn die Aufgabe gestellt wäre, es sich auf der Erde heimisch zu machen. –"

Da haben wir Gelegenheit zu sehen, wie es im Leben gehen kann: Ein wundervoller Einfall verdankt sich einem Irrtum. Das unvergeßlich starke Bild – das man übrigens Montaigne gern zutraut: Kaum habe er einen Blick auf Plutarch geworfen, sei ihm „ein Bein oder Flügel gewachsen" – ist das Ergebnis eines Übersetzungsfehlers... Hier die Stelle bei Montaigne:

„Aber von Plutarch komme ich nicht so leicht los. Er ist so umfassend und so reich, daß er sich bei jeder Gelegenheit, und welch abgelegenen Gegenstand man sich auch vornehme, zu der

Arbeit einstellt und mit freigiebiger Hand unerschöpfliche Reichtümer und Verschönerungen spendet. Er dauert mich, daß er den Plünderungen derer so sehr ausgesetzt ist, die bei ihm aus- und eingehen: ich kann kaum bei ihm vorbeigehen, ohne ihm ein Bein oder einen Flügel auszurupfen."

Wie der Übersetzer aufklärt, bedeutet die Wendung im Original („je ne le puis si peu racointer que je n'en tire cuisse ou aile") eigentlich nur redensartlich: ohne „irgend etwas" aus ihm zu ziehen, also: ohne mich auch meinerseits bei ihm zu bedienen; „cuisse ou aile" sei eine von Montaigne häufig gewählte Redensart. Doch hören wir Nietzsche weiter:

„Schopenhauer hat mit Montaigne noch eine zweite Eigenschaft, außer der Ehrlichkeit, gemein: eine wirkliche erheiternde Heiterkeit. Aliis laetus, sibi sapiens [Andern gegenüber heiter, für sich selbst weise]. Es gibt nämlich zwei sehr unterschiedliche Arten von Heiterkeit. Der wahre Denker erheitert und erquickt immer, ob er nun seinen Ernst oder seinen Scherz, seine menschliche Einsicht oder seine göttliche Nachsicht ausdrückt; ohne griesgrämige Gebärden, zitternde Hände, schwimmende Augen, sondern sicher und einfach, mit Mut und Stärke, vielleicht etwas ritterlich und hart, aber jedenfalls als ein Siegender: und das gerade ist es, was am tiefsten und innigsten erheitert, den siegenden Gott neben allen den Ungetümen, die er bekämpft hat, zu sehen. Die Heiterkeit dagegen, welche man bei mittelmäßigen Schriftstellern und kurzangebundenen Denkern mitunter antrifft, macht unsereinen, beim Lesen, elend […]. Solche Heiterlinge sehen die Leiden und die Ungetüme gar nicht, die sie als Denker zu sehen und zu bekämpfen vorgeben; und deshalb erregt ihre Heiterkeit Verdruß, weil sie täuscht: denn sie will zu dem Glauben verführen, hier sei ein Sieg erkämpft worden. Im Grunde nämlich gibt es nur Heiterkeit, wo es Sieg gibt; und dies gilt von den Werken wahrer Denker ebensowohl als von jedem Kunstwerk. Mag der Inhalt immer so schrecklich und ernst sein, als das Problem des Daseins eben ist: bedrückend und quälend wird das Werk nur dann wirken, wenn der Halbdenker und der Halbkünstler den Dunst ihres Ungenügens darüber ausgebreitet haben; während dem Menschen nichts Fröhlicheres und Besseres zuteil werden kann, als einem jener Siegreichen nahe zu sein, die, weil sie das Tiefste gedacht, gerade das Lebendigste lieben müssen und als Weise am Ende sich zum Schönen neigen. Sie reden wirklich, sie stammeln nicht und schwätzen auch nicht nach; sie bewegen sich und leben wirklich, nicht so unheimlich maskenhaft, wie sonst Menschen zu leben pflegen: weshalb es uns in ihrer Nähe wirklich einmal menschlich und natürlich zumute ist […]."

Soweit Nietzsche, der hier nicht nur – wie immer, wenn er so rückhaltlos lobt – den Gelobten und sich selber meint und beschreibt, sondern im besonderen Fall mit den selben Worten auch Montaigne geschildert haben könnte, der nun selbst zu Wort kommen soll: mit „Gedanken von der Art, welche Gedanken macht" (letztmalig Nietzsche).

Ich werde zunächst Passagen aus seinem Essay *Über Verse des Vergil* zitieren. Darin wird er von einem Grundsatz erzählen (Montaigne: „Ich lehre nicht, ich erzähle"), der als Wegweiser zu einer bewegten, lebendigen inneren Ruhe – mir zumindest – unverzichtbar ist. Doch zuletzt und schließlich ausschlaggebend sind es vielleicht gar nicht die mitgeteilten Lehren und Grundsätze Montaignes, die zur Ruhe und Gelassenheit beitragen, sondern es ist der besondere, unnachahmlich heitere Ton der *Essais,* der den Leser zunächst gefangen nimmt und im selben Moment freisetzt: Es ist, als sehe man die Dinge, die uns sonst die Ruhe rauben, zwar schärfer, zugleich jedoch auch abgerückt in weiter Ferne.

Michel de Montaigne: Über Verse des Vergil (Auszüge)

Meine Gewohnheit ist, daß ich alles, was ich ohne Bedenken tue, auch ohne Scheu sage.

Michel de Montaigne

Im selben Maße, in dem die uns nützlichen Gedanken gehaltvoll und gediegen sind, sind sie uns auch beschwerlich und belasten sie uns: Das Laster, der Tod, die Armut, die Krankheiten sind gewichtige Gegenstände, und ihr Gewicht ist bedrückend. Darum muß unsere Seele gerüstet sein, die Übel zu ertragen und zu bekämpfen, und braucht sie Unterricht, um recht zu leben und recht zu glauben. Immer wieder muß man sie dazu ermuntern und sie darin üben. Jedoch für eine Seele der gewöhnlichen Art sollte das mit Maßen geschehen: Sie hat Erholungspausen nötig, sonst wird sie verrückt, wenn sie unablässig angespannt wird.

[…] Die Weisheit hat ihre Auswüchse und bedarf der Mäßigung nicht weniger als die Torheit. […] Ich lobe mir eine frohe und gesellige Weisheit und fliehe die strengen und finstern Sitten, und jedes sauertöpfische Wesen ist mir verdächtig. […]

Ich glaube Plato herzlich gern, wenn er sagt, von einem munteren oder finstern Wesen lasse sich auf die Güte oder Schlechtigkeit der Seele schließen. Sokrates und der alte Crassus zeigten stets dasselbe Gesicht: jener allerdings ein heiteres und lustiges, während man diesen niemals lachen sah.

Die Tugend ist eine einnehmende und fröhliche Wesensart.

Ich weiß wohl, daß sehr wenige Leute an der Zügellosigkeit meiner Schriften Anstoß nehmen werden, die nicht noch mehr an der Zügellosigkeit ihrer Gedanken Anstoß zu nehmen hätten. Ich bin wohl mit ihrer Gesinnung im Einklang, aber ich bin ihren Augen ein Ärgernis. […]

Mir ist ein mürrischer und düsterer Geist verhaßt, der achtlos über die Freuden seines Lebens weggleitet und sich an den Trübsalen festbeißt und weidet: wie die Fliegen, die sich an einem wohlgeglätteten und blitzblanken Körper nicht halten können und sich an den rauhen und holprigen Flächen festsetzen und niederlassen; und wie die Schröpfköpfe, die nur das verdorbene Blut saugen und anziehen.

[Da haben wir eine solche Stelle – wie jedermann bemerkt haben wird, der den Text von Plutarch aufmerksam gelesen hat –, wo Montaigne an Plutarch nicht vorübergehen konnte, ohne ihm „ein Bein oder einen Flügel" auszurupfen...]

Im übrigen habe ich es mir zur Vorschrift gemacht, daß ich alles auszusprechen wage, was ich ohne Bedenken tue, und sogar Gedanken, die ich nicht öffentlich aussprechen könnte, sind mir widerwärtig. Meine schlimmste Handlung und Eigenschaft kommt mir nicht so häßlich vor wie die Feigheit, wenn ich mich scheute, sie zu bekennen. Jedermann ist zurückhaltend im Bekennen; im Tun sollte man es sein. Wer kühn genug war, einen Fehler zu begehen, sollte nun auch kühn genug sein, ihn zu gestehen. Wer sich zur Pflicht machte, alles zu sagen, der würde sich zur Pflicht machen, nichts zu tun, was er zu verschweigen gezwungen wäre. [...] Man muß seine Fehler sehen und verstanden haben, um von ihnen berichten zu können. Wer sie anderen verhehlt, verhehlt sie gewöhnlich auch sich selbst: sie wären nicht verborgen genug, wenn er sie selbst zu sehen bekäme: letztlich verhüllt und bemäntelt er sie vor seinem Gewissen. *Quare vitia sua nemo confitetur? Quia etiam nunc in illis est. Somnium narrare, vigilantis est.* [Warum bekennt keiner seine Laster? Weil er ihnen noch immer verfallen ist. Nur ein Erwachter erzählt seine Träume. (Seneca)] Die Krankheiten des Leibes fallen auf, indem sie sich verschlimmern. Wir bemerken, daß es die Gicht ist, was anfangs nach Erkältung oder einfacher Gliedersteifheit aussah. Die Übel der Seele werden unauffällig, je ärger sie werden: schließlich bemerkt man sie gar nicht mehr. Sie sind so tief in der Brust versteckt, daß man sie nur mit unbarmherzigem Griff ans Licht bekommt. Wie bei den Wohltaten, so ist auch bei den

Missetaten oft das bloße Bekenntnis eine Genugtuung. Gibt es eine Schlechtigkeit, die uns erließe, sie zu beichten? [...] [Ich jedenfalls] beichte öffentlich, gewissenhaft und geradeaus. Der heilige Augustin, Origines und Hippokrates haben die Irrtümer ihrer Lehre bekannt; ich bekenne die Irrtümer meines Lebenswandels.

[Nun könne es allerdings trotz allem passieren, daß er verkannt, womöglich sogar für besser gehalten werde, als er ist. Was dann?]

Gesetzt, du bist ein Feigling, die Leute aber halten dich für einen tapferen Menschen. Sprechen sie dann von dir? [...] Als König Archelaus von Makedonien durch die Straße ritt, schüttete einer einen Eimer Wasser über ihm aus. Die Zeugen des Vorfalls sagten, er müsse den Menschen bestrafen. Und Archelaus? Sagte nur: Der Mensch hat nicht mich begossen, sondern den, für den er mich gehalten hat. So hat Sokrates geantwortet, als ihm jemand hinterbrachte, man rede schlecht von ihm: Nicht doch, ich finde nichts von dem an mir, was sie sagen.

Was im weiteren (in Montaignes Essay) folgt, mit seelenruhigster Ausführlichkeit erörtert, darf heute übergangen werden: Montaigne sieht zu, wie – gegen damals geläufige Urteile – gut und schön und möglichst gerecht von den Frauen zu denken sei. Gelobt sei er dafür.

Hier, wo wir nach Spuren suchen, die uns zur Ruhe bringen könnten, soll statt dessen aus einem anderen seiner *Essais* ein wenig ausführlicher zitiert werden. Es ist das zehnte Hauptstück seines dritten und letzten Buches:

Michel de Montaigne,
Von der Mäßigung des eigenen Willens (Auszüge)

Aus den alltäglichsten, den allergewöhnlichsten und bekanntesten Dingen, wenn wir sie nur ins rechte Licht zu setzen wüßten, ließen sich die größten Wunder der Natur und die staunenswertesten Beispiele menschlichen Handelns ziehen.

Michel de Montaigne

Im Vergleich zu den meisten Menschen werde ich von wenigen Dingen berührt – oder besser gesagt: ergriffen (denn berühren sollten uns die Dinge schon, solang sie nicht von uns Besitz ergreifen). Ich bin sehr darauf bedacht, dieses Privileg der Dickhäutigkeit, die schon von Natur bei mir ziemlich ausgeprägt ist, mit Fleiß und Vorsatz zu bewahren: nur wenigem verschreibe ich mich daher, von wenigem nur lasse ich mich leidenschaftlich hinreißen. Mein Blick ist klar, aber ich hefte ihn auf wenige Gegenstände; und obwohl meine Sinne zart und empfindsam sind, bin ich schwer von Begriff und weiß mit vielem nichts recht anzufangen; ebendarum lasse ich mich selten auf etwas ein.

Soweit ich irgend kann, befasse ich mich ganz mit mir; doch sogar diese Neigung möchte ich gern zügeln und im Zaum halten, damit ich nicht allzu rückhaltlos von ihr eingenommen werde, denn der Besitz meines Selbst hängt von fremder Gunst ab: Das Schicksal hat mehr Macht hierüber als ich. Deshalb sollte ich auch dem Wunsch nach Gesundheit, die ich doch besonders hochschätze, nicht so hemmungslos frönen, daß mir die Krankheiten darüber unerträglich werden. Zwischen dem Haß auf den Schmerz und der Liebe zur Lust muß man das rechte Maß halten; Platon empfiehlt den Mittelweg.

Folglich widersetze ich mich entschieden den Leidenschaften, die mich von mir ablenken und an irgendwas anderes ausliefern. Meine Meinung ist, daß man sich andern zwar leihen, aber sich selbst gehören sollte. Sobald mein Wille sich verpfändete oder einspannen ließe – wäre es um mich geschehen: denn ich bin dafür zu empfindlich, und von Natur und aus Gewöhnung

fugax rerum, securaqua in otia natus.
[fliehe ich die Geschäfte, zu süßer Muße geboren]

Ließe ich mich auf einen Streit mit harten Bandagen ein, hätte ich rasch das Nachsehen: meine Gegner dürften den Sieg davontragen, und ich müßte sehen, wie ich mich abgemüht und dann doch verloren hätte, was mich hart ankäme. Wenn ich immer gleich anbisse, wie andere das tun, fehlte meiner Seele die Kraft, all die Ängste und Aufregungen zu ertragen, von denen die gehetzt werden, die sich alles auf den Hals laden: ich ginge an diesem inneren Tumult zugrunde.

Wenn man mir, was vorkam, die Führung fremder Geschäfte aufdrängte, versprach ich, sie zur Hand zu nehmen, nicht zu Herzen oder Nieren; sie zu schultern, nicht aber, sie mir einzuverleiben; für sie zu sorgen, gewiß, aber nicht mich für sie zu ereifern. Ich behalte sie im Auge, doch ich setze mich nicht darauf und brüte. Es reicht mir, die Masse dringender Angelegenheiten im eignen Hause ordnungsgemäß zu erledigen, die mir schon schwer genug im Magen liegen und an die Nieren gehen, ohne mir zusätzliche Massen aufzubürden und unter ihnen zusammenzubrechen. Genug schon bin ich mit meinen natürlichen und wesentlichen, meinen persönlichen Angelegenheiten beschäftigt, ohne mir noch fremde auf den Hals zu laden.

Jene, die wissen, wieviel sie sich schulden und wie viele Pflichten ihnen sich selbst gegenüber auferlegt sind, werden feststellen, daß die Natur ihnen damit ein Amt gegeben hat, das sie hinlänglich ausfüllt und alles andre als müßig sein läßt. Du hast genug mit dir zu tun – und da gilt's, nicht zu kneifen!

Die Leute vermarkten sich. Sind sie sich losgeworden, befindet der Käufer über das, was sie können. Sie haben sich verkauft, also gehören sie sich nicht mehr. Ich finde diese verbreitete Neigung, sich loszuwerden, ungehörig. Wir sollten mit der Freiheit unserer Seele achtsam umgehen und sie allenfalls ausnahmsweise verpfänden; und wenn wir es recht bedenken, gibt es nur wenige Ausnahmen, die den Handel rechtfertigen.

Schaut euch die Leute an, die abgerichtet sind, sich vereinnahmen und hinreißen zu lassen! Überall sind sie dabei, ob in kleinen, ob in großen Dingen; ob es sie etwas angeht oder nicht, wahllos schnappen sie zu, ist irgendwo eine Arbeit oder Aufgabe zu erledigen – sie sterben, wenn sie nichts um die Ohren haben: *in negotiis sunt, negotii causa:* Sie beschäftigen sich, um beschäftigt zu sein [Seneca, 22. Brief an Lucilius]. Nicht, daß sie gehen wollen, sie können bloß nicht stillesitzen: wie ein Stein, der fällt, erst zur Ruhe kommt, wenn er aufschlägt.

Immer von irgendwas in Anspruch genommen zu sein ist für bestimmte Leute das Merkmal von Kompetenz und Geltung. Ruhe geben sie nur, wenn's hin- und hergeht – wie der Säugling in der Wiege. Ihren Freunden sind sie dienlich und sich selbst zur Last. Keiner verteilt sein Geld an andre, jeder aber seine Zeit und sein Leben. Mit nichts geht man so freigebig um wie mit diesen – den einzigen Dingen, mit denen zu geizen lobenswert und uns nützlich wäre.

Meine Veranlagung ist eine völlig andere: Ich halte mich an mich, begehre, was ich begehre, ruhig und gelassen, und vor allem brauche ich wenig. So beschäftige ich mich auch: ruhig und vor allem nicht dauernd. Die andern, wenn sie etwas umtreibt, stecken gleich den ganzen Aufwand ihres Willens ins Geschäft. Aber es gibt viele Fallen auf unserem Weg über die Erde, und wer sicher gehen möchte, geht möglichst leicht und obenhin darüber: besser, man gleitet darüber, als daß man einsinkt. Selbst die Wollust wird für den, der sich allzu tief hineinstürzt, schmerzhaft:

incedis per ignes
suppositos cineri doloso.
[durch Gluten schreitend / Die unter trugvoller Asche schwelen, Horaz]

[Montaigne erzählt nun weiter von seinem Amt als Bürgermeister von Bordeaux und schließt an diese Erzählung folgende Überlegungen an:]

Ich nehme an, daß es im Tempel der Pallas, wie wir es bei allen Religionen sehen, äußere Mysterien gab, die fürs Volk waren, und andere, verborgenere und höhere für die Eingeweihten. Vermutlich findet sich unter diesen auch die wahre Bestimmung der Liebe, die jeder sich selbst schuldet. Das ist nicht diese falsche Liebe, die uns mit unserem Ruhm und unserer Gelehrsamkeit, unserem Reichtum und anderen Äußerlichkeiten verwechselt; und es ist auch nicht die rücksichtslose Liebe, mit der es geht wie mit dem Efeu, der die Mauer, an die er sich klettet, zerfrißt und endlich zerstört – sondern eine bedachte und heilsame Liebe und Freundschaft, die uns fördert und guttut. Wer weiß, was er sich im Sinne dieser Liebe selbst schuldet, der sitzt im Rat der Musen, steht auf dem Gipfel der menschlichen Weisheit und hat die höchste Stufe des Glücks erreicht. Indem er weiß, was er für sich fordern darf, weiß er auch, was die Welt und die Gesellschaft von ihm fordert, die er seinerseits nötig hat. Wer für sich recht da ist, ist auch für andere da: *Qui sibi amicus est, cito hunc amicum omnibus esse* [Seneca, 6. Brief an Lucilius: Wer sich selber freund ist, ist allen freund]. Unsere vornehmste Aufgabe aber, zu der wir berufen sind, ist es, das eigene Leben gut zu führen: das ist es, wozu wir hier sind. Wie der ein Narr wäre, der selber weder anständig noch fromm lebte, dafür aber meinte, er habe andere zu Anstand und Frömmigkeit zu erziehen, dann habe er genug getan, so wäre auch der auf einem falschen und verderblichen Weg, der die Gesundheit und Heiterkeit seines eigenen Lebens ruinierte, nur um anderen hierzu zu verhelfen.

Ich will nicht, daß man den Ämtern, die man übernimmt, seine Aufmerksamkeit, Mühe, Wort und Tat, ja, wenn es not tut, auch Schweiß und Blut versage:

non ipse pro charis amicis
Aut patria timidus perire.
[Ich fürchte nicht, für teure Freunde oder für mein Land zu sterben. Horaz, Oden IV, IX 51)

Doch es sollte leihweise und wie beiher geschehen, während der Geist in Ruhe und Gleichgewicht verharrt, nicht untätig, doch auch nicht so, daß man sich im Übereifer überschlägt. Einfach nur tätig zu sein, das belastet den Geist so wenig, daß er selbst im Schlaf noch tätig bleibt. Aber man sollte ihn behutsam in Bewegung setzen; denn während der Körper die Lasten, die man ihm aufbürdet, nicht schwerer nimmt, als sie sind, bläht der Geist sie oft zu seinem eigenen Nachteil auf und mißt ihnen ein Gewicht zu, das ihnen nicht zukommt, das er ihnen nur beilegt. Die gleiche Sache kostet dem einen mehr, dem anderen weniger Mühe: der eine bietet seinen ganzen Willen auf, einem andern fällt's zu. Ja, manches gelingt, ohne das man innerlich dabei ist. Wie viele setzen täglich ihr Leben in Kriegen aufs Spiel, die ihnen gleichgültig sind, und stürzen sich in die Gefahren einer Schlacht, deren Verlust ihnen keine einzige schlaflose Nacht kostet! Derweil sitzt ein anderer sicher in seinem Haus, fern aller Gefahren, die er nicht einmal mit anzusehen wagen würde, ist in tiefster Seele über den Ausgang dieses Krieges besorgt und quält sich mehr als der Soldat, der Leib und Leben daransetzt. Ich habe in öffentlichen Ämtern meinen Mann gestanden, ohne auch nur einen Fingerbreit von mir abzuweichen, und ich bin für andere dagewesen, ohne mich preiszugeben.

Heftigkeit und Ungestüm des Verlangens behindern die Ausführung unserer Vorhaben mehr, als sie diese fördern, weil sie uns Verzögerungen und Widerstände schwerer ertragen lassen und uns mit Groll und Argwohn gegen jene erfüllen, mit denen wir es zu tun haben. Wir betreiben eine Sache niemals gut, wenn wir von ihr umgetrieben und besessen sind:

male cuncta ministrat impetus.
[Ungestüm verdirbt alles. Statius, Thebais X, 704]

[Ich überschlage etliche Seiten – nicht ohne Bedauern, doch notgedrungen – und fahre mit dem Auszug an späterer Stelle fort, da Herr de Montaigne rät, sich zumal vor Beginn eines Geschäfts oder Amts gut zu beraten, ob es nicht besser wäre, von Anfang an seine Hände davon zu lassen; besonders gelte das, dies war sein letztes Beispiel, bevor man einen Rechtsstreit beginne. Was Prozesse angehe, sei er („oh seltene Gnade des Himmels!") trotz seines vorgerückten Alters noch ein unbeschriebenes Blatt, und er habe über sich nichts Schlimmeres reden hören, als daß er Montaigne heiße. Man solle sich reiflich überlegen, ob der Anlaß, den einer vielleicht hat, vor Gericht zu gehen, den Aufwand und die tausend Mißlichkeiten lohnt… Selbst Kriege seien der nichtigsten Anlässe wegen geführt worden.]

Am Anfang bedarf es nur einiger Besonnenheit: doch ist man eingeschifft, sind die Segel aufgesetzt. Es ist entschieden leichter, gar nicht erst an Bord zu gehen, als wieder herunterzukommen, wenn das Schiff auf See ist. […] Anfangs haben wir unsere Geschäfte noch in der Hand, doch wenn sie einmal laufen, haben sie uns an der Leine und reißen uns mit, und wir müssen folgen. […]

Ich sehe, wie Leute vor Wut Hals über Kopf auf die Kampfbahn stürzen und dann, im Rennen, erlahmen. Plutarch wiederum sagt von denen, die aus falscher Scham leicht nachgeben und in alles Verlangte sofort einwilligen, daß sie hernach nicht weniger leicht ihre Einwilligung vergäßen und wortbrüchig würden. Genauso ist es mit denen, die leicht einen Streit vom Zaun brechen, dann aber ebenso leicht klein beigeben. Bei mir ist das anders: Dieselbe Schwerfälligkeit, die mich abhält, einen Streit überhaupt erst zu beginnen, würde mich unaufhaltsam vorantreiben, wäre ich einmal in Fahrt und Feuer geraten. Das ist das Schlimme: Hat man sich darauf eingelassen, so geht es auf Biegen und Brechen. ‚Fangt verhalten an‘, rät Bias, ‚doch vollendet, ohne nachzulassen.‘ Doch oft geht es so: Am Anfang fehlt die Vorsicht, und dann die nötige Beherztheit, was noch schlimmer ist. [...]

Mir fällt es so leicht, den Leidenschaften aus dem Weg zu gehen, wie es mir schwer fällt, sie zu bremsen: *excinduntur facilius animo, quam temperantur* [eher lassen sie sich der Seele entziehen als mäßigen]. Wer zu dieser erhabenen Unerschütterlichkeit der Stoiker nicht zu gelangen vermag, der rette sich, wie ich, in den Schoß bäuerischer Dickhäutigkeit. Wenn jene die Tugend dahin brachte, muß mich die Natur dazu bringen. Die Stürme wüten in mittleren Regionen; in der oberen und unteren hingegen, beim Philosophen und beim Bauer, treffen Ruhe und Glückseligkeit zusammen. [...]

Von meiner Führung des Bürgermeisteramtes sagen einige (ich sage gern ein Wort darüber, nicht weil es der Rede wert ist, sondern weil es als Probe meines Verhaltens in solchen Dingen dienen kann), ich hätte mich darin als ein Mann gezeigt, der allzu schwer aus der Ruhe zu bringen sei und das Herz nie ganz bei der Sache habe – und dem Anschein nach haben sie recht. Und in der Tat: Die Seele ruhig, der Geist gelassen, so will ich es auch. *Cum semper natura, tum etiam aetate iam quietus* [Immer schon ruhig von Natur, noch mehr heute durch das Alter. Cicero, De petitione consultatus, II]. [...]

[Außerdem, heißt es wenig später:]

Ich hatte [in meinem Amt als Bürgermeister] nur zu bewahren und zu erhalten, und das ist ein stilles und unscheinbares Werk. Neuerungen einzuführen ist allerdings das glanzvollere Geschäft; sie verbieten sich jedoch in einer Zeit, da gerade sie es sind, die uns derart bedrängen, daß wir nicht wissen, wie wir uns ihrer erwehren sollen. Nicht handeln ist oft so verdienstlich wie handeln, nur steht es weniger im Licht; und das geringe Verdienst, das ich habe, ist fast ausschließlich von solcher Art.

[Zuletzt kann ich nicht widerstehen, noch eine weitere – und nun wirklich letzte – Passage aus diesem Essay in unser Buch einzuladen: Hier nämlich zeigt Montaigne, wiederum schlicht erzählend, was uns, indem wir ihn uns zum Vorbild nehmen, auf den Weg zur inneren Ruhe bringen könnte. Auch in diesem (früheren) Abschnitt denkt er noch einmal über seine Amtszeit als Bürgermeister nach und gibt sich Rechenschaft über einige Grundsätze, durch die er sich seinerzeit hatte leiten lassen. Keinem Leser wird es schwerfallen, die historischen Beispiele, die Montaigne erwähnt, durch zeitgenössische zu ersetzen...]

Es gilt, in der Welt so zu leben und sie so zu nutzen, wie man sie vorfindet. Allerdings sollte selbst ein Kaiser in seiner Urteilskraft über seinem Kaisertum stehen und begreifen, daß Amt und Person zweierlei ist, d.h. sein Leben unabhängig zu genießen verstehen und privat zu jedermann zu reden, zumindest mit sich selbst.

Ich verstehe mich darauf, mich einer Sache nicht allzu tief und rückhaltlos auszuliefern. Wenn ich mich mit Vorsatz einer Partei anschließe, dann nie mit einer so leidenschaftlichen Ergebenheit, daß mein Verstand davon angesteckt würde. In den gegenwärtigen Wirren dieses Staates läßt mich meine Parteinahme weder die lobenswerten Eigenschaften unserer Gegner noch die unrühmlichen derjenigen verkennen, zu denen ich halte. Die Leute beten alles an, was auf ihrer Seite ist; ich wieder habe für das meiste, was auf meiner Seite vorgeht, am wenigsten Nachsicht. Eine gut geschriebene Abhandlung verliert doch nicht deswegen an Eleganz, weil sie sich gegen meine Sache richtet. Vom Kernpunkt der Kontroverse abgesehen, habe ich stets meine Aus- und Abgewogenheit bewahrt und bleibe so möglichst unbefangen. *Neque extra necessitates belli praecipuum odium gero* [von kriegsbedingten Umständen abgesehen, hege ich nie persönlichen Haß].

Darauf bilde ich mir etwas ein, um so mehr als ich sehe, daß die meisten es umgekehrt machen. Wer sich von Groll und Haß hinreißen läßt und über jedes vernünftige Maß hinausschießt, wie es überall geschieht, zeigt damit, daß seine Erregung einer andern Quelle entspringt und persönliche Gründe hat: genauso wie einer, der von einem Geschwür geheilt ist und dennoch weiter vom Fieber geschüttelt wird, damit zu erkennen gibt, daß seine Überhitzung eine andere, verborgene Ursache hat. Der Haß dieser Leute gilt also gar nicht der gegnerischen Sache an sich – etwa weil sie das allgemeine und öffentliche Wohl schädigt –, sondern sie sind ihr nur feind, weil sie ihren eigenen Interessen zuwider ist. Dann ereifern sie sich mit einer Leidenschaft, daß darüber jede Billigkeit und Rücksicht auf das allgemeine Beste das Nachsehen hat.

Ich will, daß der Sieg unser sei, aber ich spiele nicht gleich verrückt, wenn er es nicht ist. Ich stehe fest zur gesetzestreueren Partei, aber mir liegt nichts daran, mich wider alle Vernunft durch besondere Feindseligkeit gegen die andern hervorzutun. Dieses verdrehte Argumentieren: ‚Er bewundert die Manieren des Herrn de Guise, also ist er von der Liga!' – ‚Die Taten des Königs von Navarra beeindrucken ihn ja sehr, er ist bestimmt Hugenotte!' – ‚Am Lebenswandel unseres Königs findet er etwas auszusetzen, er ist Rebell und Unruhestifter!' – das geht mir wider die Natur. […]

Warum sollten wir von einem Dieb nicht sagen dürfen, er habe schöne Waden? Muß eine, weil sie eine Hure ist, auch gleich stinken? Da überwirft sich einer mit seinem Anwalt und findet tags darauf, dessen Plädoyers taugten nichts.

Hat man in weiseren Zeiten als den unseren dem Marcus Manlius den stolzen Titel Capitolinus, der ihm als Retter von Religion und öffentlicher Freiheit gegeben worden war, etwa wieder entzogen? Hat man, nur weil er später zum Schaden der Gesetze seines

Landes die Königswürde zu erlangen trachtete, die Erinnerung an seine Großmut, seine Waffentaten und die ihm für seine Tapferkeit verliehene militärischen Auszeichnungen etwa gelöscht? Ich erwähnte an anderer Stelle bereits den religiösen Fanatismus, der selbst rechtschaffene Menschen auf Irrwege trieb. Was mich angeht, kann ich ohne weiteres von ein und demselben Mann sagen: ‚Hier handelt er verwerflich und hier untadlig.'

Grußwort an „den einzigen Montaigne"

„Ich würde im Notfall leicht eine Kerze dem heiligen Michael und eine andere seinem Drachen weihen."
Michel de Montaigne

Von Montaigne mag ich mich nicht verabschieden, ohne ihm einen philosophischen Gruß nachgeschickt zu haben – und ist der folgende kleine Text Nietzsches etwa kein Grußwort an „den einzigen Montaigne"?

„– Ich stelle, um nicht aus meiner Art zu fallen, die *jasagend* ist und mit Widerspruch und Kritik nur mittelbar, nur unfreiwillig zu tun hat, sofort die drei Aufgaben hin, derentwegen man Erzieher braucht. Man hat *sehen* zu lernen, man hat *denken* zu lernen, man hat *sprechen* und *schreiben* zu lernen: das Ziel in allen dreien ist eine vornehme Kultur. – *Sehen* lernen – dem Auge die Ruhe, die Geduld, das An-sich-heran-kommen-lassen angewöhnen; das Urteil hinausschieben, den Einzelfall von allen Seiten umgehn und umfassen lernen. Das ist die *erste* Vorschulung zur Geistigkeit: auf einen Reiz *nicht* sofort reagieren, sondern die hemmenden, die abschließenden Instinkte in die Hand bekommen. *Sehen* lernen, so wie ich es verstehe, ist beinahe das, was die unphilosophische Sprechweise den starken Willen nennt: das Wesentliche daran ist gerade, *nicht* ‚wollen', die Entscheidung aussetzen *können*. Alle Ungeistigkeit, alle Gemeinheit beruht auf dem Unvermögen, einem Reize Widerstand zu leisten – man *muß* reagieren, man folgt jedem Impulse. In vielen Fällen ist ein solches Müssen bereits Krankhaftigkeit, Niedergang, Symptom der Erschöpfung, – fast alles, was die unphilosophische Roheit mit dem Namen ‚Laster' bezeichnet, ist bloß jenes physiologische Unvermögen, *nicht* zu reagieren. – Eine Nutzanwendung vom Sehen-gelernt-haben: man wird als Lernender überhaupt langsam, mißtrauisch, widerstrebend geworden sein. Man wird Fremdes, *Neues* jeder Art zunächst mit feindseliger Ruhe herankommen lassen – man wird seine Hand davor zurückziehn. Das Offenstehn mit allen Türen, das untertänige Auf-dem-Bauch-Liegen vor jeder kleinen Tatsache, das allzeit sprungbereite Sich-hinein-Setzen, Sich-hinein-*Stürzen* in andere und anderes, kurz die berühmte moderne ‚Objektivität' ist schlechter Geschmack, ist *unvornehm par excellence.* –"

Gelassenheit

„Mit einer ungeheuren und stolzen Gelassenheit leben; immer jenseits –. Seine Affekte, sein Für und Wider willkürlich haben und nicht haben, sich auf sie herablassen, für Stunden; sich auf sie setzen, wie auf Pferde, oft wie auf Esel – man muß nämlich ihre Dummheit so gut wie ihr Feuer zu nützen wissen. Seine dreihundert Vordergründe sich bewahren; auch die schwarze Brille: denn es gibt Fälle, wo uns niemand in die Augen, noch weniger in unsre ‚Gründe' sehn darf. Und jenes spitzbübische und heitre Laster sich zur Gesellschaft wählen, die Höflichkeit. Und Herr seiner vier Tugenden bleiben, des Mutes, der Einsicht, des Mitgefühls, der Einsamkeit. Denn die Einsamkeit ist bei uns eine Tugend, als ein sublimer Hang und Drang der Reinlichkeit, welcher erät, wie es bei Berührung von Mensch und Mensch – ‚in Gesellschaft' – unvermeidlich-unreinlich zugehn muß. Jede Gemeinschaft macht, irgendwie, irgendwo, irgendwann – ‚gemein'."

Friedrich Nietzsche

„Denn jeder kann dem Andern nur so viel sein, wie dieser ihm ist. Die eigentlichen großen Geister horsten, wie die Adler, in der Höhe, allein."

Arthur Schopenhauer

Ruhe und Gelassenheit – das klingt manchem Ohr nach still-besinnlichem Kalendersprüchlein und erbaulicher Gute-Nacht-Lektüre. Man erwartet sich womöglich den beruhigenden Sinnspruch oder eine anmutige Blütenlese „schöner Stellen", die das Herz erwärmen und den Verstand in Ruhe lassen.

Doch die Absicht dieses Buches ist nicht, mit feierabendlichem Tiefsinn oder schöngeistigen Sedativa zu versorgen. Und wenn von Gelassenheit die Rede ist, schon gar nicht: Sie ist eine Haltung, die anspruchsvoll und insofern nicht jedes Menschen Sache ist – wie auch die Ruhe nicht. Deshalb war sie als gelebte Haltung für die meisten seit jeher ein Ärgernis: Weniges bringt die sozial wahrscheinlich gemachten Menschen so sehr außer Fassung wie ein wahrhaft gefaßter, gelassener Mensch. Seine Ruhe verrät Außerordentlichkeit, wie Gelassenheit überhaupt alles andere als eine Allerweltstugend ist; vielmehr ist sie das Kennzeichen der Wenigen und Seltenen und Unwahrscheinlichen; hätte ich das Pathos nicht zu scheuen, würde ich behaupten: sie sei Sache des souveränen Menschen. So verstanden sie die Stoiker.

Von ihnen ist zu lernen, was sie bewegte, Gelassenheit als Tugend hoch zu schätzen. Es waren Erfahrungen des Leids, eines unberechenbaren, unbeugsamen Schicksals, ungesühnten Unrechts oder dumpfer Gewalt; es war die Erfahrung, ohnmächtig zu sein, ohne alle Hilfe, ausgeliefert; zur Gelassenheit ermahnten sie sich, indem sie am borniertn Wissendünkel ihrer Zeitgenossen zu verzweifeln drohten oder weil sie deren Überzeugungsselbstgefälligkeiten anders nicht ertrugen, die Gelassenheit war ihnen Zuflucht angesichts von Angst und Furcht und Sorgen sowie der bösen Lust, die hintertreibt, verleumdet, intrigiert, herabsetzt; nicht zuletzt war ihnen die Gelassenheit das tapfere Beharren in der Krankheit, die den Leib verwüstet, zuletzt im Wissen um den kalten, lässig abmachenden Tod, dem wir alle ohne Unterschied verfallen, einer früher, einer später.

Kurz: Gelassenheit als gelebte Haltung war die Antwort des Weisen, die er den Widrigkeiten des Lebens entgegensetzte ... – und an denen mangelt es nicht, wie die Erfahrenen wissen.

Wie kein zweiter Denker der Moderne war es Schopenhauer, der im Blick auf diese Widrigkeiten dachte: Seine Philosophie ist die Antwort auf eine Welt, die anders als philosophierend nicht zu ertragen wäre – vorausgesetzt, man habe sich entschlossen, sich über sie nichts vorzumachen.

Schopenhauer – er ist der denkbar würdige Nachfolger Montaignes (in diesem Buch). Für das Thema, die innere Ruhe, und im Blick auf die Gelassenheit, in der sie sich entfaltet, ist sein Denken unverzichtbar.

Schopenhauers Nähe zu Montaigne ist unübersehbar, und er steht in engstem Zusammenhang mit den Lehren der Stoa. Gleichwohl: Das Sedativ der Seele gewinnt er nicht, wie jene, aus der Zustimmung und Bejahung der Welt, sondern, wie wir sehen werden, aus deren Negation. Die Ruhe verdankt sich ihm der *Aufklärung* über die Welt – und die heißt für ihn: *Resignation*. Sie ist der Ausweis für die Redlichkeit eines Bewußtseins, daß alle Flausen über die Welt verloren und begriffen hat, daß in ihr, außer Leiden und Schmerzen, nicht viel zu holen ist.

In geeigneter Weise wird Schopenhauers Anschluß an die Stoa und seine Differenz zu ihr – mit völlig anderem und neu eröffnetem Weg zur Ruhe als reifster Frucht vollzogener *Weltüberwindung* – in den folgenden Texten abzulesen sein.

Zur Einstimmung in Schopenhauer

„Die größte, wichtigste und bedeutsamste Erscheinung, welche die Welt aufzeigen kann, ist nicht der Welteroberer, sondern der Weltüberwinder."

„Klopfte man an die Gräber und fragte die Toten, ob sie wieder aufstehen wollten; sie würden mit den Köpfen schütteln."

Der Weise „blickt nun ruhig und lächelnd zurück auf die Gaukelbilder dieser Welt, die einst auch sein Gemüt zu bewegen und zu peinigen vermochten, die aber jetzt so gleichgültig vor ihm stehen, wie die Schachfiguren nach geendigtem Spiel."

Arthur Schopenhauer:
Würde und Grenze der stoischen Gelassenheit

Nachdem er die anerkennenswerte Seite der Stoa nachvollzogen hat, schließt Schopenhauer seine Bedenken an. Da fehle denn doch viel, sagt er…

„… daß etwas Vollkommenes in dieser Art zu Stande kommen und wirklich die richtig gebrauchte Vernunft uns aller Last und allen Leiden des Lebens entziehn und zur Glückseligkeit führen könnte. Es liegt vielmehr ein vollkommener Widerspruch darin, leben zu wollen ohne zu leiden, welchen daher auch das oft gebrauchte Wort ‚seliges Leben' in sich trägt […]. Dieser Widerspruch offenbart sich auch schon in jener Ethik der reinen Vernunft selbst, dadurch, daß der Stoiker genötigt ist, seiner Anweisung zum glückseligen Leben (denn das bleibt seine Ethik immer) eine Empfehlung des Selbstmordes einzuflechten (wie sich unter dem prächtigen Schmuck und Gerät orientalischer Despoten auch ein kostbares Fläschchen mit Gift findet), für den Fall nämlich, wo die Leiden des Körpers, die sich durch keine Sätze und Schlüsse wegphilosophieren lassen, überwiegend und unheilbar sind, sein alleiniger Zweck, Glückseligkeit, also doch vereitelt ist, und nichts bleibt, um dem Leiden zu entgehn, als der Tod, der aber dann gleichgültig, wie jede andere Arznei, zu nehmen ist. Hier wird ein starker Gegensatz offenbar, zwischen der Stoischen Ethik und allen jenen oben erwähnten, welche Tugend an sich und unmittelbar, auch mit den schwersten Leiden, zum Zweck machen und nicht wollen, daß man, um dem Leiden zu entfliehn, das Leben endige; obgleich keine von ihnen allen den wahren Grund zur Verwerfung des Selbstmordes auszusprechen wußte, sondern sie mühsam allerhand Scheingründe zusammensuchen […]. Aber obiger Gegensatz offenbart und bestätigt eben den wesentlichen, im Grundprinzip liegenden Unterschied zwischen der Stoa, die eigentlich doch nur ein besonderer

Eudämonismus ist, und jenen erwähnten Lehren [des Buddhismus und asketischen Christentums], obgleich beide oft in den Resultaten zusammentreffen und scheinbare Verwandtschaft haben. Der oben erwähnte innere Widerspruch aber, mit welchem die Stoische Ethik, selbst in ihrem Grundgedanken, behaftet ist, zeigt sich ferner auch darin, daß ihr Ideal, der Stoische Weise, in ihrer Darstellung selbst, nie Leben oder innere poetische Wahrheit gewinnen konnte, sondern ein hölzerner, steifer Gliedermann bleibt, mit dem man nichts anfangen kann, der selbst nicht weiß wohin mit seiner Weisheit, dessen vollkommene Ruhe, Zufriedenheit, Glückseligkeit dem Wesen der Menschheit geradezu widerspricht und uns zu keiner anschaulichen Vorstellung davon kommen läßt. Wie ganz anders erscheinen, neben ihn gestellt, die Weltüberwinder und freiwilligen Büßer, welche die Indische Weisheit uns aufstellt und wirklich hervorgebracht hat, oder gar der Heiland des Christentums, jene vortreffliche Gestalt, voll tiefen Lebens, von größter poetischer Wahrheit und höchster Bedeutsamkeit, die jedoch, bei vollkommener Tugend, Heiligkeit und Erhabenheit, im Zustande des höchsten Leidens vor uns steht."

Friedrich Nietzsche:

Schopenhauer „weiß, was auch Meister Eckhard weiß: ‚das schnellste Tier, das euch trägt zur Vollkommenheit, ist Leiden.' Ich sollte denken, es müßte jedem, der sich eine solche Lebensrichtung vor die Seele stellt, das Herz weit werden und in ihm ein heißes Verlangen entstehen, ein solcher Schopenhauerscher Mensch zu sein: also für sich und sein persönliches Wohl rein und von wundersamer Gelassenheit, in seinem Erkennen voll starken verzehrenden Feuers und weit entfernt von der kalten und verächtlichen Neutralität des sogenannten wissenschaftlichen Menschen, hoch emporgehoben über griesgrämige und verdrießliche Betrachtung, sich selbst immer als erstes Opfer der erkannten Wahrheit preisgebend, und im Tiefsten von dem Bewußtsein durchdrungen, welche Leiden aus seiner Wahrhaftigkeit entspringen müssen."

Arthur Schopenhauer:
Nur wer von sich selbst läßt, ist gelassen

„Die christlichen Heiligen und Mystiker predigen neben der reinsten Liebe auch völlige Resignation, freiwillige gänzliche Armut, wahre Gelassenheit, vollkommene Gleichgültig gegen alle weltlichen Dinge, Absterben dem eigenen Willen und Wiedergeburt in Gott, gänzliches Vergessen der eigenen Person und Versenken in die Anschauung Gottes."

Arthur Schopenhauer

„Wie wir [...] Haß und Bosheit bedingt sahen durch den Egoismus und diesen beruhen auf dem Befangensein der Erkenntnis im *principio individuationis;* so fanden wir als den Ursprung und das Wesen der Gerechtigkeit, sodann, wann es weiter geht, der Liebe und des Edelmuts, bis zu den höchsten Graden, die Durchschauung jenes *principii individuationis,* welche allein, indem sie den Unterschied zwischen dem eigenen und den fremden Individuen aufhebt, die vollkommene Güte der Gesinnung, bis zur uneigennützigsten Liebe und zur großmütigsten Selbstaufopferung für andere, möglich macht und erklärt.

Ist nun aber dieses Durchschauen des *principii individuationis,* diese unmittelbare Erkenntnis der Identität des Willens in allen seinen Erscheinungen, in hohem Grade der Deutlichkeit vorhanden; so wird sie sofort einen noch weiter gehenden Einfluß auf den Willen zeigen. Wenn nämlich vor den Augen eines Menschen jener Schleier der Maja, das *principium individuationis,* so sehr gelüftet ist, daß derselbe nicht mehr den egoistischen Unterschied zwischen seiner

Person und der fremden macht, sondern an den Leiden der andern Individuen so viel Anteil nimmt, wie an seinen eigenen, und dadurch nicht nur im höchsten Grade hilfreich ist, sondern sogar bereit, sein eigenes Individuum zu opfern, sobald mehrere fremde dadurch zu retten sind; dann folgt von selbst, daß ein solcher Mensch, der in allen Wesen sich, sein Innerstes und wahres Selbst erkennt, auch die endlosen Leiden alles Lebenden als die seinen betrachten und so den Schmerz der ganzen Welt sich zueignen muß. Ihm ist kein Leiden mehr fremd. Alle Qualen anderer, die er sieht und so selten zu lindern vermag, alle Qualen, von denen er mittelbar Kunde hat, ja die er nur als möglich erkennt, wirken auf seinen Geist, wie seine eigenen. Es ist nicht mehr das wechselnde Wohl und Wehe seiner Person, was er im Auge hat, wie dies bei dem noch im Egoismus befangenen Menschen der Fall ist; sondern, da er das *principium individuationis* durchschaut, liegt ihm alles gleich nahe. Er erkennt das Ganze, faßt das Wesen desselben auf, und findet es in einem steten Vergehen, nichtigem Streben, innerem Widerstreit und beständigem Leiden begriffen, sieht, wohin er auch blickt, die leidende Menschheit und die leidende Tierheit, und eine hinschwindende Welt. Dieses alles aber liegt ihm jetzt so nahe, wie dem Egoisten nur seine eigene Person. Wie sollte er nun, bei solcher Erkenntnis der Welt, eben dieses Leben durch stete Willensakte bejahen und eben dadurch sich ihm immer fester verknüpfen, es immer fester an sich drücken? Wenn also der, welcher noch im *principio individuationis,* im Egoismus, befangen ist, nur einzelne Dinge und ihr Verhältnis zu seiner Person erkennt, und jene dann zu immer erneuerten *Motiven* seines Wollens werden; so wird hingegen jene beschriebene Erkenntnis des Ganzen, des Wesens der Dinge an sich, zum *Quietiv* alles und jedes Wollens. Der Wille wendet sich nunmehr vom Leben ab: ihm schaudert jetzt vor dessen Genüssen, in denen er die Bejahung desselben erkennt. Der Mensch gelangt zum Zustande der freiwilligen Entsagung, der Resignation, der wahren Gelassenheit und gänzlichen Willenslosigkeit. – Wenn uns andern, welche noch der Schleier der Maja umfängt, auch zu Zeiten, im schwer empfundenen eigenen Leiden, oder im lebhaft erkannten fremden, die Erkenntnis der Nichtigkeit und Bitterkeit des Lebens nahe tritt, und wir durch völlige und auf immer entschiedene Entsagung den Begierden ihren Stachel abbrechen, allem Leiden den Zugang verschließen, uns reinigen und heiligen möchten; so umstrickt uns doch bald wieder die Täuschung der Erscheinung, und ihre Motive setzen den Willen aufs Neue in Bewegung: wir können uns nicht losreißen. Die Lockungen der Hoffnung, die Schmeichelei der Gegenwart, die Süße der Genüsse, das Wohlsein, welches unserer Person mitten im Jammer einer leidenden Welt, unter der Herrschaft des Zufalls und des Irrtums, zuteil wird, zieht uns zu ihr zurück und befestigt aufs Neue die Banden. Darum sagt Jesus: ‚Es ist leichter, daß ein Ankertau durch ein Nadelöhr gehe, denn daß ein Reicher ins Reich Gottes komme'.

Vergleichen wir das Leben einer Kreisbahn aus glühenden Kohlen, mit einigen kühlen Stellen, welche Bahn wir unablässig zu durchlaufen hätten; so tröstet den im Wahn Befangenen die kühle Stelle, auf der er jetzt eben steht, oder die er nahe vor sich sieht, und er fährt fort die Bahn zu durchlaufen. Jener aber, der, das *principium individuationis* durchschauend, das Wesen der Dinge an sich und dadurch das Ganze erkennt, ist solchen Trostes nicht mehr empfänglich: er sieht sich an allen Stellen zugleich, und tritt heraus. – Sein Wille wendet sich, bejaht nicht mehr sein eigenes, sich in der Erscheinung spiegelndes Wesen, sondern verneint es. Das Phänomen, wodurch dieses sich kund gibt, ist der Übergang von der Tugend zur *Askesis*. Nämlich es genügt ihm nicht mehr, andere sich selbst gleich zu lieben und für sie soviel zu tun, wie für sich; sondern es entsteht in ihm ein Abscheu vor dem Wesen, dessen Ausdruck seine eigene Erscheinung ist, dem Willen zum Leben, dem Kern und Wesen jener als jammervoll erkannten Welt."

Das einzig wahre, konsequente Leben haben – das ist Schopenhauers unbeirrtes Resümee – die wenigen Heiligen und philosophischen Asketen gelebt: Gautama Buddha, Christus, Franz von Assisi, die „Weltüberwinder". – Und was ist mit uns? möchte man sogleich fragen. Und wir erhalten eine Antwort. Denn Schopenhauer dachte, wie für sich, so auch für jene, die zu jener letzten Gleichgültigkeit den weltlichen Dingen gegenüber nicht zu gelangen vermögen.

So vor allem in seinen „Aphorismen zur Lebensweisheit", die eben deshalb vorzugsweise populär geworden sind. Dort, wir werden es sehen, kehren denn auch viele Motive wieder, die uns von Epiktet, Seneca, Marc Aurel, Montaigne oder Pascal vertraut sind.

Damit allerdings der Zusammenhang zu jener tiefsten, zu keinerlei Zugeständnis bereiten Ansicht der Welt und unserer Verstrickung darin, die wir soeben von ihm aus seinem Hauptwerk („Die Welt als Wille und Vorstellung") gehört haben, doch irgendwie hergestellt ist, schicke ich, bevor wir seine Empfehlung zur Gelassenheit kennenlernen, einen Abschnitt voraus, in dem er sehr verständlich und mit so leichter Feder, wie dies sonst nur Montaigne verstand, die Verhaftung des Menschen an sich selbst und seinen Willen schildert. Auch hier wird deutlich werden, was wahr ist, daß uns nichts so unruhig macht wie wir uns selbst. Wer an sich selber angeschmiedet ist, wird nicht zur Ruhe finden...

Arthur Schopenhauer:
Von der Ruhelosigkeit der Egoisten

„Die meisten Menschen sind so subjektiv, daß im Grunde nichts Interesse für sie hat, als ganz allein sie selbst. Daher kommt es, daß sie bei allem, was gesagt wird, sogleich an sich denken und jede zufällige, noch so entfernte Beziehung auf irgend etwas ihnen Persönliches ihre ganze Aufmerksamkeit an sich reißt und in Besitz nimmt; so daß sie für den objektiven Gegenstand der Rede keine Fassungskraft übrig behalten; wie auch, daß keine Gründe etwas bei ihnen gelten, sobald ihr Interesse oder ihre Eitelkeit denselben entgegensteht. Daher sind sie so leicht zerstreut, so leicht verletzt, beleidigt oder gekränkt, daß man, von was es auch sei, objektiv mit ihnen redend, nicht genug sich in Acht nehmen kann vor irgendwelchen möglichen, vielleicht nachteiligen Beziehungen des Gesagten zu dem werten und zarten Selbst, das man da vor sich hat: denn ganz allein an diesem ist ihnen gelegen, sonst an nichts, und während sie für das Wahre und Treffende, oder Schöne, Feine, Witzige der fremden Rede ohne Sinn und Gefühl sind, haben sie die zarteste Empfindlichkeit gegen jedes, was auch nur auf die entfernteste und indirekteste Weise ihre kleinliche Eitelkeit verletzen, oder irgend wie nachteilig auf ihr höchst pretioses Selbst reflektieren könnte; so daß sie in ihrer Verletzbarkeit den kleinen Hunden gleichen, denen man, ohne sich dessen zu versehen, so leicht auf die Pfoten tritt und nun das Gequieke anzuhören hat; oder auch einem mit Wunden und Beulen bedeckten Kranken verglichen werden können, bei dem man auf das Behutsamste jede mögliche Berührung zu vermeiden hat. Bei manchen geht nun aber die Sache so weit, daß sie Geist und Verstand, im Gespräch mit ihnen an den Tag gelegt, oder doch nicht genugsam versteckt, geradezu als eine Beleidigung empfinden, wenngleich sie solche vor der Hand noch verhehlen; wonach dann aber nachher der Unerfahrene vergeblich darüber nachsinnt und grübelt, wodurch in aller Welt er sich ihren Groll und Haß zugezogen haben könne. – Eben so leicht sind sie aber auch geschmeichelt und gewonnen. Daher ist ihr Urteil meistens bestochen und bloß ein Ausspruch zugunsten ihrer Partei, oder Klasse; nicht aber ein objektives und gerechtes. Dies alles beruht darauf, daß in ihnen der Wille bei weitem die Erkenntnis überwiegt und ihr geringer Intellekt ganz im Dienste des Willens steht, von welchem er auch nicht auf einen Augenblick sich losmachen kann."

Und hier nun der angekündigte Abschnitt aus den „Aphorismen zur Lebensweisheit":

Arthur Schopenhauer: Über die Gelassenheit

Wer ... die Lehre meiner Philosophie in sich aufgenommen hat und daher weiß, daß unser ganzes Dasein etwas ist, das besser nicht wäre und welches zu verneinen und abzuweisen die größte Weisheit ist, der wird auch von keinem Dinge, oder Zustand große Erwartungen hegen, nach nichts auf der Welt mit Leidenschaft streben, noch große Klagen erheben über sein Verfehlen irgend einer Sache...

Arthur Schopenhauer

„Über keinen Vorfall sollte man in großen Jubel, oder große Wehklage ausbrechen; teils wegen der Veränderlichkeit aller Dinge, die ihn jeden Augenblick umgestalten kann; teils wegen der Trüglichkeit unseres Urteils über das uns Gedeihliche, oder Nachteilige; in Folge welcher fast jeder einmal gewehklagt hat über das, was nachher sich als sein wahres Bestes auswies, oder gejubelt über das, was die Quelle seiner größten Leiden geworden ist. Die hier dagegen empfohlene Gesinnung hat Shakespeare schön ausgedrückt:

I have felt so many quirks of joy and grief,
That the first face of neither, on the start,
Can woman me unto 't.   (All's well that ends well III, 2)
[Ich habe schon so viele Anfälle von Freude und Gram überstanden, daß ich nie mehr vom ersten Anblicke des Anlasses zu einem von beiden sogleich mich weibisch hinreißen lasse.]

Überhaupt aber zeigt der, welcher bei allen Unfällen gelassen bleibt, daß er weiß, wie kolossal und tausendfältig die möglichen Übel des Lebens sind; weshalb er das jetzt eingetretene ansieht als einen sehr kleinen Teil dessen, was kommen könnte: Dies ist die stoische Gesinnung, in Gemäßheit welcher man niemals *conditionis humanae oblitus,* sondern stets eingedenk sein soll, welch ein trauriges und jämmerliches Los das menschliche Dasein überhaupt ist, und wie unzählig die Übel sind, denen es ausgesetzt ist. Diese Einsicht aufzufrischen, braucht man überall nur einen Blick um sich zu werfen: wo man auch sei, wird man es bald vor Augen haben, dieses Ringen und Zappeln und Quälen, um die elende, kahle, nichts abwerfende Existenz. Man wird danach seine Ansprüche herabstimmen, in die Unvollkommenheit aller Dinge und Zustände sich finden lernen und Unfällen stets entgegensehen, um ihnen auszuweichen, oder sie zu ertragen. Denn Unfälle, große und kleine, sind das eigentliche Element unseres Lebens: Dies sollte man stets gegenwärtig haben; darum jedoch nicht, als ein δυσκολος [Unzufriedener], ... über die stündlichen *miseries of human life* [Mißgeschicke des Menschenlebens] lamentieren und Gesichter schneiden, noch weniger *in pulicis morsu Deum invocare* [eines Flohbisses wegen Gott um Hilfe anrufen]; sondern, als ein ευλαβης [ein Bedächtiger], die Behutsamkeit im Zuvorkommen und Verhüten der Unfälle, sie mögen von Menschen, oder von Dingen ausgehen, so weit treiben und so sehr darin raffinieren, daß man, wie ein kluger Fuchs, jedem großen oder kleinen Mißgeschick (welches meistens nur ein verkapptes Ungeschick ist) säuberlich aus dem Wege geht.

Daß ein Unglücksfall uns weniger schwer zu tragen fällt, wenn wir zum voraus ihn als möglich betrachtet und, wie man sagt, uns darauf gefaßt gemacht haben, mag hauptsächlich daher kommen, daß wenn wir den Fall, ehe er eingetreten, als eine bloße Möglichkeit, mit Ruhe überdenken, wir die Ausdehnung des Unglücks deutlich und nach allen Seiten übersehen und so es wenigstens als ein endliches und überschaubares erkennen; in Folge wovon es, wenn es nun wirklich trifft, doch mit nicht mehr, als seiner wahren Schwere wirken kann. Haben wir hingegen jenes nicht getan, sondern werden unvorbereitet getroffen; so kann der erschrockene

Geist, im ersten Augenblick, die Größe des Unglücks nicht genau ermessen: es ist jetzt für ihn unübersehbar, stellt sich daher leicht als unermeßlich, wenigstens viel größer dar, als es wirklich ist. Auf gleiche Art läßt Dunkelheit und Ungewißheit jede Gefahr größer erscheinen. Freilich kommt noch hinzu, daß wir für das als möglich antizipierte Unglück zugleich auch die Trostgründe und Abhilfen überdacht, oder wenigstens uns an die Vorstellung desselben gewöhnt haben.

Nichts aber wird uns zum gelassenen Ertragen der uns treffenden Unglücksfälle besser befähigen, als die Überzeugung von der Wahrheit, welche ich in meiner Preisschrift über die Freiheit des Willens aus ihren letzten Gründen abgeleitet und festgestellt habe, nämlich, wie es daselbst heißt: ‚Alles was geschieht, vom Größten bis zum Kleinsten, geschieht *notwendig*.' Denn in das unvermeidlich Notwendige weiß der Mensch sich bald zu finden, und jene Erkenntnis läßt ihn alles, selbst das durch die fremdartigsten Zufälle Herbeigeführte, als eben so notwendig ansehn, wie das nach den bekanntesten Regeln und unter vollkommener Voraussicht Erfolgende. [...] Wer davon durchdrungen ist wird zuvörderst tun was er kann, dann aber willig leiden was er muß.

Die kleinen Unfälle, die uns stündlich vexiren, kann man betrachten als bestimmt, uns in Übung zu erhalten, damit die Kraft, die großen zu ertragen, im Glück nicht ganz erschlaffe. Gegen die täglichen Hudeleien, kleinlichen Reibungen im menschlichen Verkehr, unbedeutende Anstöße, Ungebührlichkeiten anderer, Klatschereien und dgl. mehr muß man ein gehörnter Siegfried sein, d.h. sie gar nicht empfinden, weit weniger sich zu Herzen nehmen und darüber brüten; sondern von dem allen nichts an sich kommen lassen, es von sich stoßen, wie Steinchen, die im Wege liegen, und keineswegs es aufnehmen in das Innere seiner Überlegungen und Rumination."

Und nun von Schopenhauer – als letztes Wort zur Sache:

Eine wundersame Gelassenheit

„Es gibt nur einen angeborenen Irrtum, und es ist der, daß wir dasind, um glücklich zu sein. [...] Wer nun, auf dem einen oder dem andern Wege, von jenem uns a priori einwohnenden Irrtum, jenem *prôton pseudos* unseres Daseins, zurückgekommen ist, wird bald alles in einem andern Lichte sehn und jetzt die Welt, wenn auch nicht mit seinem Wunsche, doch mit seiner Einsicht in Einklang finden. Die Unfälle, jeder Art und Größe, wenn sie ihn auch schmerzen, werden ihn nicht mehr wundern; da er eingesehen hat, daß gerade Schmerz und Trübsal auf den wahren Zweck des Lebens, die Abwendung des Willens von demselben, hinarbeiten. Dies wird ihm sogar, bei allem was geschehen mag, eine wundersame Gelassenheit geben, der ähnlich, mit welcher ein Kranker, der eine lange und peinliche Kur gebraucht, den Schmerz derselben als ein Anzeichen ihrer Wirksamkeit erträgt. – Deutlich genug spricht aus dem ganzen menschlichen Dasein das Leiden als die wahre Bestimmung desselben. Das Leben ist tief darin eingesenkt und kann ihm nicht entgehen: unser Eintritt in dasselbe geschieht unter Tränen, sein Verlauf ist im Grunde immer tragisch, und noch mehr sein Ausgang. Ein Anstrich von Absichtlichkeit hierin ist nicht zu verkennen. In der Regel fährt das Schicksal dem Menschen im Hauptzielpunkt seiner Wünsche und Bestrebungen auf eine radikale Weise durch den Sinn; wodurch alsdann sein Leben eine tragische Tendenz erhält, vermöge welcher es geeignet ist, ihn von der Sucht, deren Darstellung jede individuelle Existenz ist, zu befreien und ihn dahin zu führen, daß er vom Leben scheidet, ohne den Wunsch nach ihm und seinen Freuden zurückzubehalten. Das Leiden ist in der Tat der Läuterungsprozeß, durch welchen allein, in den meisten Fällen, der Mensch geheiligt, d. h. von dem Irrweg des Willens zum Leben zurückgeführt wird. Dem entsprechend wird in den christlichen Erbauungsbüchern so oft die Heilsamkeit des Kreuzes und Leidens erörtert und ist überhaupt sehr passend das Kreuz, ein Werkzeug des Leidens, nicht des Tuns, das Symbol der Christlichen Religion. Ja, schon der noch jüdische, aber so philosophische Koheleth sagt mit Recht: ‚Es ist Trauern besser, denn Lachen: denn durch Trauern wird das Herz gebessert'."

Leid tragen (Meditation)

Niemand, der nicht gelitten hat, besitzt Güte.

Denis de Rougemont

Last des Sterbens: Von uns selber Abschied nehmen,
ohne bei uns angekommen zu sein.

Hans Kudszus

Hoffnungsformel:
Vita mutatur non tollitur.
Das Leben wird verwandelt, nicht genommen.

Der Tod, der aussteht, bringt uns um die Ruhe. Und zuvor das Leiden. Wären wir versöhnt damit, daß wir sterben müssen, und wüßten wir das Leid zu tragen, wären wir ruhig.

Doch schon diese Wendung, „Leid tragen", klingt unseren Ohren inzwischen ungewohnt, womöglich befremdlich.

Geläufig ist uns hingegen die Wendung von den „Leidtragenden", wobei wir an jene denken, die unschuldig in Mitleidenschaft gezogen wurden. Von den Kindern reden wir so: Sie sind die „Leidtragenden", wenn ihre Eltern sich trennen. Das sechsbändige „Wörterbuch der deutschen Sprache" (Duden) nennt für das Wort als einziges Beispiel: „der Bürger ist der Leidtragende der Behördenwillkür".

So weise die Sprache oftmals ist – in diesem Falle ist sie ungenau: Sie kaschiert, was gedacht wird, wenn die Rede von den „Leidtragenden" ist. Denn die Vorstellung ist keineswegs, daß sie das Leiden „tragen", noch nicht einmal, daß sie es ertragen, sondern gemeint ist, wenn von „Leidtragenden" die Rede ist, sie seien von

Leid betroffen, etwas Schlimmes, Schreckliches sei ihnen widerfahren, und zwar ohne eigenes Verschulden. Entsprechend spricht man von den Leidtragenden gewöhnlich dort, wo Empörung und Entrüstung den Ton bestimmen. Die Redeweise von den Leidtragenden gehört nicht zur Sprache der Klage, sondern zur Anklage und deren Rhetorik.

Wäre es also erlaubt, dem Sprachgebrauch Vorschriften zu machen, wäre mein Vorschlag, statt von den „Leidtragenden" von den „Leidbetroffenen" zu reden – eine Umformulierung, die sich dann auch zwanglos dem modernen Jargon der Betroffenheit einfügte, für den erlittenes Leiden das Argument beschafft, Kritik zu üben, Zustände anzuklagen, Täter namhaft zu machen und Engagement einzufordern. – Doch was für ein Engagement? Das des Beistands, des Mittrauerns und Mitleidens, des Stärkens und Tröstens?

Die spontane Reaktion und Empfindung der Gegenwartsmenschen angesichts des Leidens ist eher: da müsse etwas unternommen werden, es gelte, die Ursachen des Leidens ausfindig zu machen und abzustellen und die Urheber des Unglücks zu ermitteln. Sind die namhaft gemacht, tut man sich im Gestus des Protestes und demonstrierter Wut gegen sie zusammen. Leiderfahrung fordert „Solidarität". Im Anblick des Leidens sehen sie sich weniger zur Anteilnahme aufgerufen – die helfen könnte, das Leid zu tragen, ohne zu zerbrechen –, sondern zur Teilnahme an der Aktion, dem Vorsatz verschworen, Leid zu verhindern.

So müssen sie dem Leidenden nicht in die Augen sehen, ihr Blick wird von ihm weg auf Tatsachen, vor allem auf die Täter abgelenkt, die man haftbar machen kann. Weniger der Leidende, die „Ursache" des Leids wird wahrgenommen, denn die Maxime lautet: Leiden sei nicht zu erdulden oder zu ertragen oder hinzunehmen – Leid sei abzuschaffen. Daß es „noch immer" Leid gibt, sagen sie, klagt die Welt an und verurteilt die Verhältnisse. Erst eine Welt und die Gesellschaft, in der niemand leide, sei eine menschliche Welt und eine humane Gesellschaft.

Das Programm der Moderne ist insoweit utopisch. Man darf es billigerweise auch illusionär nennen oder verblendet. Der Mensch, der sich die Zuständigkeit und Befugnis erteilt, die Welt vom Leid zu befreien, vergißt darüber, daß er selbst sterblich und sein Leben kurz bemessen ist. Mag sein, daß es ihm insgeheim darum zu tun ist: Die Bereitschaft zur Tat verdeckt, was keine Tat aus der Welt schafft.

Daran zu erinnern, war keiner wie Schopenhauer berufen.

„Alles weilt nur einen Augenblick und eilt dem Tode zu", heißt es bei ihm, als sollten noch einmal die ältesten und tiefsten Klagen der Menschen in einem Satz versammelt werden.

„Gestern Schleim, morgen Mumie oder Asche?" – hatte sich der Kaiser Marc Aurel notiert. Und in der dichterisch wohl niemals übertroffenen Klage über das Los des Menschen, im Buche Hiob, heißt es:

> „Der Mensch, vom Weibe geboren, lebt kurze Zeit und ist voll Unruhe, geht auf wie eine Blume und fällt ab, flieht wie ein Schatten und bleibt nicht."

Eine solche Sicht übrigens ist keineswegs kulturspezifisch beschränkt, etwa jüdisch oder christlich in ausschließendem Sinne. Sie kann es nicht sein, denn der Tod betrifft, wie nur die Geburt, uns alle ohne Unterschied. Und darum ist es auch, als höre man den Bruder des Hiob reden, wenn es in der volkstümlichen indischen Vedanta-Lehre heißt: „Das Leben zittert wie ein Wassertropfen auf einem Lotosblatt […] Die Zeit spielt, das Leben verwelkt."

Es sind solche Zeugnisse, die uns erinnern, was die Sache des Menschen ist, nicht die Programme der Entschlossenen, die sich berufen fühlen, der Welt das Leiden auszutreiben.

„Wir bekommen das Leichtuch zur Windel", heißt es in „Dantons Tod", Georg Büchners Drama der Revolution. Ein solcher Satz ist menschlich; dagegen die Parolen des vermeintlich guten Gewissens in seinem „Kampf gegen das Leiden" sind die Sprüche des kalten Herzens.

Als Büchner im Frühjahr 1837 im Sterben lag, notierte Caroline Schulz in ihr Tagebuch:

„16ten. Die Nacht war unruhig; der Kranke wollte mehrere Male fort, weil er wähnte, in Gefangenschaft zu geraten, oder schon darin zu sein glaubte und sich ihr entziehen wollte. Den Nachmittag vibrierte der Puls nur, und das Herz schlug 160 mal in der Minute; die Ärzte gaben die Hoffnung auf. Mein sonst frommes Gemüte fragte bitter die Vorsehung: ‚Warum?' Da trat Wilhelm ins Zimmer, und da ich ihm meine verzweiflungsvollen Gedanken mitteilte, sagte er: ‚Unser Freund gibt dir selbst Antwort, er hat soeben, nachdem ein heftiger Sturm von Phantasien vorüber war, mit ruhiger, erhobener, feierlicher Stimme die Worte gesprochen: ›Wir haben der Schmerzen nicht zu viel, wir haben ihrer zu wenig, denn durch den Schmerz gehen wir zu Gott ein!‹ – ›Wir sind Tod, Staub, Asche, wie dürfen wir klagen?‹' Mein Jammer löste sich in Wemut auf, aber ich war sehr traurig und werde es noch lange sein."

> „Der Mensch trauert nicht gern, sondern er leidet unter der Trauer, aber dennoch sucht er dieser Gestimmtheit nicht zu entgehen, sondern er bejaht sie; er bejaht die Trauer und das Leid, und diese Bejahung ist seine Frömmigkeit."
>
> *Wolfgang Schmid*

Die Moderne verfällt den Illusionen, da sie die Empfänglichkeit für diese Frömmigkeit verlor. Die Folge ist, daß ihr alles Leiden, das sie nicht verhindern konnte, als sinnlos gilt, als schreckliches Versagen.

Warum ist das so?

Die Entschlossenheit, Leid weder zu erdulden noch zu ertragen, sondern seine Bedingungen zu bekämpfen, machte es erforderlich, „ideologiekritisch" – wie das einmal hieß – gegen jegliche Versöhnung mit dem Leiden vorzugehen und noch den Trost im Leiden oder für den Leidenden als falsche Beruhigung zu denunzieren.

Gegen das Elend wurde mobilgemacht, die Not zum Feind, man dürfte sogar sagen: dem Leiden wurde der Krieg erklärt. Diesen Angriff aber flankierte das Gebot, am Schlimmen dürfe nichts Gutes gesehen werden. So gilt seither, mit ihm Frieden zu schließen, als Verrat an der Moderne. – Wo liegt das Problem?

Indem die Zuständigkeit für das Leiden nunmehr an die sozialen Organe, an wissenschaftlich-technische Kompetenz – etwa an Ärzte und Therapeuten – und an die wohlfahrtsstaatlich verpflichtete Politik delegiert wird, bleibt für den einzelnen, der ins Leid geriet, allein die traurige Perspektive, sich als Opfer zu verstehen. Er ist berechtigt, Ansprüche zu stellen, zugleich muß er erleben: sie bleiben unerfüllt.

Die Folge ist: Er versteht sein Schicksal nicht – denn sein Schicksal zu verstehen hieße schon, es in irgendeiner Weise anerkennen –, und er versteht die Welt nicht, die ihn seinem Schicksal überläßt.

Die uralte Frage: Warum Leiden? hat die Moderne durch die Aufklärung über Kausalitäten ersetzt und die Suche nach dem Sinn des Leidens damit abgeschnitten. Sie müssen das Leid als sinnlos ansehen, damit sie es bekämpfen können.

Und der Leidende, dem nicht zu helfen ist? Er leidet sinnlos, ohnmächtig, verständnislos, ausgeliefert seiner dumpfen Wut, verbittert. Er fordert, er meldet seinen Anspruch an – das hat man ihm ja beigebracht, man hat ihn über seine Rechte aufgeklärt –, doch was er fordert, geht ins Leere. Ihm ist nicht zu helfen. Er sieht, er ist verlassen. – Das ist das Trauerspiel, in dem das neuzeitliche Unterfangen, den Menschen zu beglücken, ausgeht.

Und dann? Dann greift, wie das der Philosoph Leszek Kolakowski ausgemacht hat, die „Kultur der Analgetika": Die Mittel zur Betäubung haben Konjunktur, die Zerstreuung wird zur konkurrenzlos lebenstüchtigen Devise, das Vergessen wird gewissermaßen eingeübt, das Übersehen wird zur lebensfrohen Kunst, man beschließt, man wolle sich nicht unterkriegen lassen, man übt den

Schein, man lebt „als ob", man macht sich selbst und andern etwas vor – so wurschtelt man sich durch, solang' es geht – der Slogan heißt: „Kopf hoch!" und „Wird schon wieder!" Der Rest ist Fassungslosigkeit, ein Achselzucken, die Worte bleiben weg, und bestenfalls weiß einer noch, das Leben gehe nun mal so, so wie es geht. Vor allem: „Es geht weiter", wie der billigste und schlechte Trost heißt, den sich die trostlos Ungetrösteten versichern.

Der Philosoph Paul Ludwig Landsberg, der dreiundvierzigjährig im KZ Oranienburg verstarb, hat dieses Resümee gezogen:

> „Es ist natürlich und sehr lobenswert, daß der Mensch z. B. gegen die Krankheit, die Grausamkeit, das Elend usw. kämpft. Doch in Wahrheit gibt es trotz allem keinen historischen Fortschritt des menschlichen Glücks, viel eher das Gegenteil. […] Falsch ist nicht der Kampf gegen das Leiden, sondern die Illusion, es abschaffen zu können."

Die Moderne, die dies nicht wahrhaben wollte, ruiniert den Menschen. Sie schneidet ihn von allem ab, was ihm Würde, Selbstbewußtsein und ein Wissen seiner außerordentlichen Stellung möglich machte. Sie hat ihn nicht zuletzt von seinen besten Traditionen abgeschnitten, von Wahrheiten und Geltungen, die ihn stärkten, wenn er schwach war, und ihn stützten, wenn er, ohne Halt, zu straucheln drohte.

Das Leid zu tragen – die Menschen wußten einst, die schwere Last und Bürde, das Leid auf sich zu nehmen, das Unglück, das sie traf, verwandelte sich ihnen, indem sie es als zugedacht, als Fügung dachten. So trugen sie es als *ihr* Leid, ertrugen es nicht nur. Sie übten sich in tapferer Geduld. Das Wort des Herrn war gegenwärtig, das er zu den Jüngern sagte:

> „Wer mir will nachfolgen, der verleugne sich selbst und nehme sein Kreuz auf sich und folge mir nach!" (Mk. 8, 34)

Man muß wohl dieses unerbittlich heilsam strenge Wort noch kennen, um zu begreifen, was Nietzsche in seiner „Genealogie der Moral" als die gründlichste und abgründigste Frage aufgespürt hat, die sich angesichts des Leidens stellt. Im Rückblick auf die frühe Zeit des Menschen, auf „das Tier Mensch", heißt es:

„Etwas *fehlte,* eine […] ungeheure *Lücke* [umstand] den Menschen, – er wußte sich selbst nicht zu rechtfertigen, zu erklären, zu bejahen, er *litt* am Probleme seines Sinns. Er litt auch sonst, er war in der Hauptsache ein *krankhaftes* Tier: aber *nicht* das Leiden selbst war sein Problem, sondern daß die Antwort fehlte für den Schrei der Frage ‚*wozu* leiden?' Der Mensch, das tapferste und leidgewohnteste Tier, verneint an sich *nicht* das Leiden, er *will* es, er sucht es selbst auf, vorausgesetzt, daß man ihm einen Sinn dafür aufzeigt, ein *Dazu* des Leidens. Die Sinnlosigkeit des Leidens, *nicht* das Leiden, war der Fluch, der bisher über der Menschheit ausgebreitet lag, – und das *asketische Ideal* [das von Nietzsche in diesem Zusammenhang gewählte Wort für die religiöse Auslegung der Welt überhaupt, die christliche im besonderen] *bot ihr einen Sinn!* […] In ihm war das Leiden *ausgelegt;* die ungeheure Leere schien ausgefüllt; die Tür schloß sich vor allem selbstmörderischen Nihilismus zu."

Das ist das eigentliche Problem des Leidens: die Frage „wozu"? Und alle bedeutenden Antworten, die in der Geschichte des Menschen gefunden – uns aber rätselhaft gemacht – wurden, haben diese Frage in ihrer Weise aufgelöst.

So ist es zweifellos ein heilsamer, helfender Fingerzeig gewesen, der in den Sprüchen Salomos uns überliefert wurde:

„Verwirf nicht die Züchtigung des Herrn und sei nicht unmutig ob seiner Strafe; denn wen der Herr liebhat, den züchtigt er wie ein Vater den Sohn, dem er wohlwill." (Spr. 3, 11 f.)

Hier gilt: das Leiden ist zumindest „ausgelegt", es wird „verstanden". Ein Weg steht offen, sich auf das Leiden einzustellen, es tragen, es anerkennen zu können, nicht sinnlos von ihm erdrückt und niedergeworfen zu werden. In unserem Leiden – so lautet diese Antwort – ist der Herr nicht fern, er ist in ihm gerade nah: wir sind in unserm Unglück nicht von ihm verlassen. Sondern umgekehrt: Indem wir leiden, hat er uns im Auge.

Von Bedeutung zweiten Ranges ist dabei, ob das Leid als „Züchtigung" verstanden wird, als Strafe, die uns wohlwill, oder als die „Prüfung", in der der Mensch, sonst nur ungehobelt, roh und unerprobt, seine Form erhalte.

Der Gedanke übrigens, der Leid als „Prüfung" auslegt, in der der Leidende sich zu bewähren habe, was ihn erst eigentlich zum Menschen reifen lasse, findet sich nicht nur in heilig-religiösen Schriften (dort selbstverständlich auch), sondern ebenso in hellenistischen, also christlich nicht erreichten Philosophien, so in denen der Stoa, von deren Lehren wir hörten: Nur als Leidensschüler wird der Weise Lebensmeister. So schreibt Seneca an seinen Schüler Lucilius:

> „Gott verzärtelt den guten Menschen nicht, er legt ihm Prüfungen auf, er läßt ihn durch harte Proben hindurchgehen, und so formt er ihn nach seiner Idee."

Ein Gedanke der „Schule des Leidens", der fortgewirkt hat, und den eine Menschheit, die von alledem nichts weiter wissen wollte, nur zu ihrem eigensten Nachteil aufgeben könnte.

Doch ich kehre noch einmal zum Alten Testament zurück. Denn dort ist – neben der angeführten Auslegung des Leidens als strenger Bekümmerung Gottes um die Seinen – bereits ein ganz anderer Ton außerdem angeschlagen, eine Auslegung der Not von bewahrter Gültigkeit, die womöglich nie zu überbieten sein wird. Ich zitiere aus dem Buche Prediger:

„Wer weiß, was dem Menschen nützlich ist im Leben, in seinen kurzen, eitlen Tagen, die er verbringt wie ein Schatten? […] Es ist besser, in ein Haus zu gehen, wo man trauert, als in ein Haus, wo man feiert; denn da zeigt sich das Ende aller Menschen, und der Lebende nehme es zu Herzen! Trauern ist besser als Lachen: denn durch Trauern wird das Herz gebessert."

Das hier angeschlagene Motiv, trauern „verbessere" das Herz, scheint mir unvergänglich: Die aufgedrehte Fröhlichkeit der immer Gutgelaunten ist ein Greuel dagegen. Das dumm-gesunde, von keinem Leid gestreifte Leben mag vergnüglich sein, doch es *überzeugt* nicht. Arthur Schopenhauer, der sich mit den dunkleren und eben darum tieferen Gemütsverfassungen des Menschen ausgekannt hat, hat es ausgesprochen:

„Einen sehr edlen Charakter denken wir uns immer mit einem gewissen Anstrich stiller Trauer, die nichts weniger ist, als beständige Verdrießlichkeit über die täglichen Widerwärtigkeiten…; sondern ein aus der Erkenntnis hervorgegangenes Bewußtsein der Nichtigkeit aller Güter und des Leidens alles Lebens, nicht des eigenen allein."

Warum ist dies so? Warum erscheint uns der geprüfte, mit genauem Bewußtsein trauernde Mensch, der dem Leid nicht aus dem Wege geht und das Schwere des Lebens nicht leugnet, als der überzeugendere, vorbildlichere Mensch, dem wir unseren Respekt nicht versagen? Eines mag sein, daß er sich selbst zu respektieren das Recht erwarb.

Ein anderes: Es ist vielleicht das Schicksalsschwere, das dem Menschen allererst Gewicht verleiht, ihm Bedeutung zulegt, ihm Gehalt verschafft. Erforderlich dazu ist allerdings, daß ihm das Schicksal nicht das Äußerliche, Fremde, bloß Zugestoßene und Widerfahrene bleibt, sondern daß er die Kraft gewinnt, das, was ihm zustieß, sich anzueignen – mit einem Wort: das Schicksal zu *seinem* Schicksal zu verwandeln. Das wußte die Stoa.

Dieser geheimnisvolle Übergang verrät sich in den Fragen, die sich die Menschen, die schwer getroffen wurden, stellen. Quält sie zunächst die Frage: „Warum mir?" – das ist die Frage an das Schicksal –, sind sie schon halb gerettet, wenn ihnen aufgeht, daß es umgekehrt ihr Schicksal ist, das ihnen Fragen stellt; Fragen, die den Verschonten und den Sonnenkindern freilich unbekannt sind.

Den Geprüften – den „Heimgesuchten", hieß es einmal – wird dann die Einsicht zuteil, daß ihr Leben nicht die Summe dessen ist, was sie als ihr Leben wählten, wollten, wünschten, was sie sich einmal vorgestellt und vorgenommen hatten, sondern: daß ihr Leben eher noch die Fülle dessen ist, was ihnen zustieß, ihnen abverlangt war, was ihnen auferlegt und zugemutet wurde.

Indem sie aber so zu denken lernten, traf sie das Leid nicht einfach, vielmehr waren sie es selbst, die es auf sich nahmen und es trugen.

Dies, das Leid zu tragen, nicht bloß zu erdulden oder hinzunehmen, klärt den Menschen innerlich, in seiner Seele, auf – wie es bei dem Prediger geheißen hatte: „bessert das Herz". Die Älteren, die davon mehr verstanden als wir Zeitgenossen, hätten wohl gesagt: und „läutert es". Mit solcher Läuterung kehrt Ruhe ein.

Zuletzt:
Wie Beppo Straßenkehrer denkt

„‚Siehst du, Momo', sagte [Beppo Straßenkehrer] dann zum Beispiel, ‚es ist so: Manchmal hat man eine sehr lange Straße vor sich. Man denkt, die ist so schrecklich lang; das kann man niemals schaffen, denkt man.'

Er blickte eine Weile schweigend vor sich hin, dann fuhr er fort: ‚Und dann fängt man an, sich zu eilen. Und man eilt sich immer mehr. Jedesmal, wenn man aufblickt, sieht man, daß es gar nicht weniger wird, was noch vor einem liegt. Und man strengt sich noch mehr an, man kriegt es mit der Angst, und zum Schluß ist man ganz außer Puste und kann nicht mehr. Und die Straße liegt immer noch vor einem. So darf man es nicht machen.'

Er dachte einige Zeit nach. Dann sprach er weiter: ‚Man darf nie an die ganze Straße auf einmal denken, verstehst du? Man muß nur an den nächsten Schritt denken, an den nächsten Atemzug, an den nächsten Besenstrich. Und immer wieder nur an den nächsten.'

Wieder hielt er inne und überlegte, ehe er hinzufügte: ‚Dann macht es Freude; das ist wichtig, dann macht man seine Sache gut. Und so soll es sein.'"

So habe ich dieses Buch geschrieben. Es hat mir Freude gemacht. Meine Freunde sind darin zu Wort gekommen, und ich darf hoffen, daß sie – sofern sie es nicht schon sind – bald auch Ihre Freunde sind. Soviel zuletzt als Gruß an Sie, die Leser und Leserinnen.

„Eine letzte Frage: Zum Schluß kein Wort von Nietzsche?"
„Ihm überlasse ich gern die Vor- und Zwischenworte, nicht das letzte."
„Wem denn, wenn nicht ihm?"
„Nun …"

Quellen

7	Nietzsche, Werke, 3 Bde., Ed. Schlechta (im folgenden wird aus dieser Ausgabe mit einfacher Angabe des Bandes und der Seite zitiert), Bd. 1, S. 921 (Menschliches, Allzumenschliches II, Nr. 108)
7	Nietzsche, I, 1002–1003 (Menschliches, Allzumenschliches II, Nr. 332)
11	Nietzsche, I, 620f. (Menschliches ... I, Nr. 285)
13–22	Seneca, Dialoge, Nr. IX, Auszug, freie Übers.
22	Blaise Pascal, Pensées, hg. und übertragen v. E. Wasmuth, Darmstadt 1987, 81, (Nr. 139)
23–24	Nietzsche, II, 190f. (Die fröhliche Wissenschaft, Nr. 329)
25	Schopenhauer, Sämmtliche Werke, Ed. Frauenstädt, Leipzig 1919 [im folgenden wird stets aus dieser Ausgabe zitiert], II, 386f. (Welt als Wille u. Vorstellung I)
25–26	Pascal, Pensées, a.a.O. 74 (Nr. 127)
28–29	Augustinus, Confessiones I,1 und ebd. I,5
31	Nietzsche, III, 880
35	H. M. Enzensberger, aus: Aussichten auf den Bürgerkrieg, © Suhrkamp Verlag Frankfurt am Main 1993, S. 37f.
36–39	Sofern ich aus dem „Gespräch mit Herrn Saci über Epiktet und Montaigne" wörtlich zitiere, entnehme ich die Textpassagen dem Band „Pascal. Ausgewählt und vorgestellt von Eduard Zwierlein, München 1997 (S. 155ff.)
40–45	Pascals „Pensées", Gedanken über die Religion und einige andere Gegenstände. Aus dem Französischen übersetzt von Karl Adolf Blech. Mit einem Vorwort von August Neander, Berlin: Wilhelm Besser, 1840. (überarbeitet)
43	S. Kierkegaard, Die Krankheit zum Tode, hg. und übertragen v. L. Richter, Reinbek 1962, 63
45–46	Nietzsche, I, 619 (Menschliches ... I, Nr. 282)
47	S. Kierkegaard, Eine literarische Anzeige, (Gesammelte Werke 17. Abtl.), hg. v. E. Hirsch u.a., Gütersloh 1983, S. 9
48	Johann Baptist Metz, „Gotteskrise. Versuch zur ,geistigen Situation der Zeit'", in J. B. Metz (Hg.), „Diagnosen zur Zeit", Patmos, Düsseldorf 1994, S. 89, © J. B. Metz
56	L. Carroll, Alice im Spiegelland, in: Das literarische Gesamtwerk, Zweitausendundeins, Frankfurt am Main 1998, S. 671f., Quelle: Lewis Carroll: Literarische Werke in zwei Bänden, 1998, © Häusser Verlag, Darmstadt

56	Quelle des Witzes von Akio Morita: Philippe Thureau-Dangin, „Die Beine der Konkurrenz", FAZ 212 v. 12.9.1998, „Bilder und Zeiten", S. 1
57	Aristoteles, Metaphysik. Ins Deutsche übertragen von Adolf Lasson, Jena: Eugen Diederichs, 1907, 165
58	Nietzsche II, 433
72	Nietzsche II, 851
73	Ernst Bloch, Über den Begriff der Weisheit, Gesamtausgabe Bd. X, Frankfurt/Main 1969, 370f.
74–76	Die Ausführungen zur Etymologie folgen dem „Deutschen Wörterbuch" der Brüder Grimm.
77	Winckelmann: Gedanken über die Nachahmung der griechischen Werke; in: Winckelmanns Werke in einem Band. Herausgegeben von Helmut Holtzhauer, Berlin Weimar: Aufbau, 1969 (Bibliothek Deutscher Klassiker).
78	Schopenhauer, V, 349 (Aphor. zur Lebensweisheit)
83	Nietzsche I, 761 (Menschliches, Allzumenschliches II, Nr. 49)
84	Alain, Die Pflicht, glücklich zu sein, Frankfurt/M. 1979, S. 156
84	Plutarch, Moralia, 467/6
85	Goethe, Brief an Wolf vom 28. September 1811
85	Nietzsche, Werke, Ed. Schlechta, Bd. 1, 251
85–86	Montaigne, Essais, Zürich 1992, Bd. III, 428
88	Hegel, TA III (= Phänomenologie des Geistes), 9
89	Pascal, Pensées, Ed. Wasmuth, a.a.O., (Nr. 9) 24
89	Hegel, TA I (= Fragmente über Volksreligion und Christentum), 30
89–90	Walter Benjamin, aus: Gesammelte Schriften, Band IV, Kleine Kunststücke. © Suhrkamp Verlag Frankfurt am Main 1972, „Nicht abraten"
90–112	Plutarch: Von der Heiterkeit der Seele. Moralia, hg. und übertragen v. Wilhelm Ax, Einführung v. M. Pohlenz, Zürich: Diogenes 2000, © Sammlung Dieterich Verlagsgesellschaft mbH, Leipzig 1942/1992
113	Schopenhauer II, 103
113–114	Plutarch, Die Behauptungen der Stoiker sind ungereimter als die der Dichter, in: Plutarch, Von der Ruhe des Gemütes und andere philosophische Schriften, Ed. Bruno Snell, Zürich 1952, S. 75f.
116	Kierkegaard, Die Tagebücher 1834–1855, ausgew. und übertragen von Theodor Haecker, München 1949, S. 188
117	Epiktet, Handbüchlein Nr. 46 (übersetzt v. P. Hadot, Die innere Burg), © Eichborn AG, Frankfurt am Main, August 1997
117–118	Epiktet, Diatriben III, 21 (übersetzt v. P. Hadot, Die innere Burg), © Eichborn AG, Frankfurt am Main, August 1997
118	Marc Aurel, Selbstbetrachtungen, IV/8 (übersetzt v. P. Hadot, Die innere Burg)
119	Plutarch, oben zitiert

120	„Stoicorum veterum fragmenta", hier aus: Stoa und Stoiker. Die Gründer, Panaitios, Poseidonios, eingeleitet und übertragen von Max Pohlenz, Zürich 1950, 120
120	Marc Aurel, Selbstbetrachtungen, II/11,4 (übersetzt v. P. Hadot, Die innere Burg)
121	Marc Aurel, Selbstbetrachtungen, IV, 49 (übersetzt v. P. Hadot, Die innere Burg)
122	Helmut Schmidt in der Weihnachtsausgabe der ZEIT (1983) auf der Titelseite („Fürchtet Euch nicht"), © Helmut Schmidt
123	Mark Aurel, Wege zu sich selbst, übertragen und mit einer Einführung von Willy Theiler, it 190, Frankfurt/M. 31980, nach: Zürich 1951 (Artemis), 92 (= VI, 6)
123–124	Epiktet, Handbüchlein der Moral, Nr. 5, 23, 35, 42 (eigene Übersetzung)
124–125	Marc Aurel, Selbstbetrachtungen, XII, 4 (eigene, freie Übersetzung)
125	Epiktet, Handbüchlein der Moral, Nr. 28 (eigene, freie Übersetzung)
125–126	Seneca, Philosophische Schriften, 4 Bde., hg. und übersetzt von Otto Apelt, Bd. II, Hamburg 1993, 4 ff. (aus: Vom glücklichen Leben)
127	Epiktet, Handbüchlein der Moral, Nr. 5 (übersetzt v. P. Hadot, Die innere Burg)
127–128	Epiktet's Handbüchlein der stoischen Moral. Übersetzt und erklärt von Carl Conz. Berlin: Langenscheidt, o. J., S. 22 (Nr. V) u. S. 25 (Nr. XI)
128–130	Alain, Die Pflicht glücklich zu sein, © Suhrkamp Verlag Frankfurt am Main 1979, S. 155–157
130	Marc Aurel, Selbstbetrachtungen, VIII, 47 (übersetzt v. P. Hadot, Die innere Burg)
131	nach: Diogenes Laertius, Leben und Meinungen berühmter Philosophen, VII, 101 f.
131	Seneca: Trostschrift an seine Mutter Helvia, in: Ausgewählte Schriften. Übersetzt und erläutert von Albert Forbiger, Stuttgart: Hoffmann, 1867, S. 77.
132	Marc Aurel, Selbstbetrachtungen, V, 10 (zitiert und überarbeitet nach: M.A., Wege zu sich selbst, a.a.O.)
134	Marc Aurel, Selbstbetrachtungen, X, 31,5; XI, 16 (übersetzt v. P. Hadot, Die innere Burg)
135	Epiktet, Handbüchlein der Moral Nr. 8 (übersetzt v. P. Hadot, Die innere Burg)
136	Herder: Ideen zur Philosophie der Geschichte der Menschheit, Bd. 1 und 2. Herausgegeben von Heinz Stolpe, Berlin und Weimar: Aufbau, 1965, Bd. 1, IV, 4, S. 144
138	Marc Aurel, Selbstbetrachtungen, IV, 27 (übersetzt v. P. Hadot, Die innere Burg)
138	Marc Aurel, Selbstbetrachtungen IV, 40 (zit. nach „Wege zu sich selbst")

138	Marc Aurel, Selbstbetrachtungen, X, 5; V, 8; VII, 57; IV, 1 (eigene, freie Übersetzung)
139	Epiktet, Lehrgespräche, Nr. 7 (eigene Übers.)
139	Epiktet, Unterredungen, Nr. 3 (eigene Übers.)
139	Marc Aurel, Selbstbetrachtungen, Schluß (in der Übersetzung von Max Pohlenz)
140	Horaz: Werke in einem Band. A. d. Lat.: Manfred Simon, © Aufbau-Verlag, Berlin und Weimar 1972
141	Nietzsche I, 379
141	Malte Hossenfelder, Epikur, München 1991, 109
142	Georg Christoph Lichtenberg: Schriften und Briefe, hg. von Wolfgang Promies, Bd. 1–3, München: Carl Hanser, 1967 ff., I, 354 (Nr. 63)
143	Nietzsche I, 379
143–144	Nietzsche II, 216 (Die fröhliche Wissenschaft, Nr. 351)
144	Nietzsche I, 296 (Schopenhauer als Erzieher)
144–145	Montaigne, Essais, hg. und übersetzt von Herbert Lüthy, Zürich 1953, S. 700
145	vgl. ebd. S. 900 (Anmerkung des Übersetzers) Wie übrigens der „Kritischen Studienausgabe" der Werke Nietzsches zu entnehmen ist (KSA XIV, S. 75), hat Marie Baumgartner in einem Brief vom 7.4.1875 Nietzsche auf den Fehler aufmerksam gemacht, und Nietzsche selbst hat sich noch am selben Tag bei ihr bedankt: „... es steht eben schlecht mit meinem Französisch, und bevor ich Montaigne idealisire, sollte ich ihn wenigstens richtig verstehen". Dennoch: Nietzsches poetischem Irrtum verdanken wir ein großartiges Bild.
145–146	Nietzsche I, 297 f.
147	Essais III, 5 (Motto)
147–149	Montaigne, Essais III, 5 (in freier Übertragung unter Verwendung der Übersetzungen von Johann Daniel Tietz, Herbert Lüthy und Hans Stilett; die zugrundegelegte französische Ausgabe: Essais, Ed. P. Christian, Paris 1846)
150	Montaigne, Essais III, 13 (frei übersetzt, vgl. Ausg. Lüthy, a.a.O., 859) (Motto)
150–159	Montaigne, Essais III, 10 (freie Übertragung)
159–160	Nietzsche II, 987 ff. (Götzendämmerung)
161	Nietzsche II, 749 (Jenseits Gut und Böse, Nr. 284)
161	Schopenhauer V, 474
163	Die drei Motti: Schopenhauer, Bd. II, S. 456; Bd. III, S. 531; Bd. II, S. 462
164–165	Schopenhauer, Bd. II, S. 107–109 (gekürzt; der Abschnitt bildet das Ende des ersten Buches von „Die Welt als Wille und Vorstellung I")
165–166	Nietzsche I, 317
166	Schopenhauer, II, 457 (WWV I, § 68) (Motto)

166–168	Schopenhauer, II, 447 ff. (WWV I, § 68)
169–171	Schopenhauer, V, 477 f. (Paränesen Maximen 26)
171	Schopenhauer, V, 435 (Paränesen Nr. 1) (Motto)
171–173	Schopenhauer, V, 503–505 (Paränesen 51)
174–175	Schopenhauer, III, 729 + 731 (Welt als Wille und Vorstellung II, Kap. 49)
176	Denis de Rougemont, Die Liebe und das Abendland, Köln-Berlin 1966, S. 252
176	Hans Kudszus, Jaworte, Neinworte. Aphorismen, Frankfurt 1970
178	Schopenhauer, III, 547 (Welt als Wille und Vorstellung II, Kap. 41)
178	Marc Aurel, Selbstbetrachtungen, IV/48
178	Hiob, 14,1
178	„Das Leben zittert…" zit. nach: Max Müller, „Six Systems of Indian Philosophy", S. 181
178	4. Akt, 3. Szene (Danton)
179	Die Tagebuchnotiz in: Georg Büchner, Werke und Briefe, München 1965, S. 321
179	Wolfgang Schmid, Totzeit, Wuppertal-Kastellaun-Ratingen, o. J., 77
181	Paul Ludwig Landsberg, Die Erfahrung des Todes, Frankfurt 1973, 127 f.
182	Nietzsche II, 899
183	Seneca, Moralische Briefe
184	Prediger, 6, 12; 7, 2 f.
184	Schopenhauer I, 509 (Welt als Wille … I)
186	Michael Ende, Momo, © 1973 by K. Thienemanns Verlag, Stuttgart–Wien, 36 f.

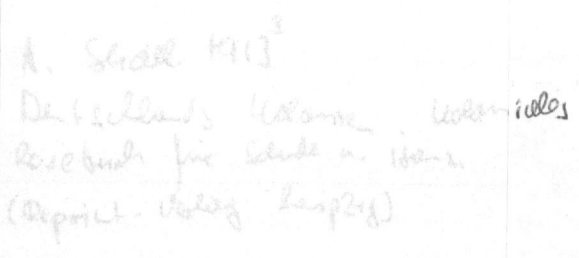

Anmerkung des Verlages:

Wir danken den Verlagen und Rechteinhabern für die Erteilung der Abdruckgenehmigungen. Bei einigen Texten war es trotz gründlicher Recherchen nicht möglich, die Inhaber der Rechte ausfindig zu machen. Honoraransprüche bleiben bestehen.